모래전쟁

저자 주

모래는 크기에 따라 정의가 다양한데, 여기서는 자갈을 포함해서 모두 '모래'라는 표현으로 통일한다(제3장 참조).
글 속에서 경칭은 생략한다.

모래전쟁

숨겨진
모래자원
쟁탈전

이시 히로유키 지음
고선윤 옮김

페이퍼로드
paperroad

모래 알갱이에
지구의 이야기가 담겨 있다

혹시 건물 안에 있는 책방에서 이 책을 보았다면 주변의 벽, 바닥, 천장을 둘러보기 바란다. 여기 콘크리트의 70%는 모래로 이루어져 있다. 전자책으로 읽고 있다면 개인용 컴퓨터에 들어 있는 많은 반도체의 원료 중 하나가 작은 석영 알갱이로 이루어진 흰모래 '석영사'라는 것을 기억하기 바란다.

도쿄타워가 완성된 것은 1958년이다. 당시 나는 고등학생이었다. 친구들과 함께 전망대에 올라 도쿄 시내를 내려다보았을 때, 초록색이 참 많다는 인상을 받았다. 그런데 지금은 어떠한가. 도쿄타워보다 높은 도쿄스카이트리의 전망대에서 볼 수 있는 것은 지상을 뒤덮고 있는 빌딩과 도로뿐이다. 멀리 도쿄만(灣)의 매립지가 보이고, 지하로 들어가 보면 그물망처럼 둘러쳐진 지하철과 넓은 지하도가 있다. 이 모든 것이 거대한 콘크리트 상자이고 관이다.

100년 전에는 콘크리트 건물에서 생활하거나 일을 하는 사람이 지구상에서 수억 명도 되지 않았을 것이다. 지금은 약 30억 명 이상의 사람들이 그 안에서 생활하고 있고, 그 수는 날로 늘어나고 있다. 모래는 가장 관심을 받지 못하는 자원이었다. 그런데 지금은 21세기의 가장 중요한 자원 중 하나로 주목을 받고 있다.

유엔 보고서에 따르면, 세계는 매년 약 500억 톤의 모래를 사용한다. 과거 20년 사이에 모래 사용량은 5배나 증가했다. 유엔은 세계 주요 하천의 50~95%에서 채취가 심각하게 진행되어서, 모래 자원이 고갈되고 있다고 경고했다. 모래는 강의 상류에서 운반되어 보충되는데, 그 두 배를 웃도는 속도로 채취가 진행되고 있다. 게다가 세계에서는 크고 작은 80만 개 이상의 댐이 건설되어서 강을 막고 모래 보급을 차단하고 있다.

그렇게 중요한 자원임에도 모래 채취, 사용, 거래를 규제하는 국제 조약은 존재하지 않는다. 이를테면 싱가포르는 세계 최대의 모래 수입국이다. 아시아의 여러 이웃 나라로부터 모래를 대량으로 끌어모아 바다를 메우고 국토를 확대해 왔다. 아랍에미리트연합(UAE) 사막 한가운데에 갑자기 등장한 두바이의 초근대적 도시는 오스트레일리아에서 모래를 대량으로 수입해서 건설되었다. 모두 아무런 규제 없이 모래를 충분히 수입했다.

모래를 마구 파내어 하천이나 해안의 생태계는 파괴되었고, 많은 생물이 멸종 위기에 놓였다. 지나친 채굴이 침식을 유발했고,

어민은 어장을 잃어서 힘들어졌으며, 다리와 강가의 건물은 무너질 위험에 놓였다. 모래사장이 사라진 해수욕장은 차례차례 문을 닫았다.

모래가 부족해지자 불법 거래가 이루어졌고, '모래 마피아'가 등장했다. 과거 10년 사이에 모래를 보호하자고 호소하는 지역 주민과 NGO 활동가를 비롯해서 경찰, 정부 관계자 등 몇백 명이 살해되었다.

"사막에 가면 모래가 얼마든지 있는데…"라고 의문을 던지는 사람도 있을 것이다. 사막의 모래는 그 성질 때문에 콘크리트에 사용할 수 없다. 자세한 이야기는 제3장에서 하겠다.

모래 자원의 고갈은 남의 일이 아니다. 일본에서도 모래사장은 빠르게 모습을 감추고 있다. 전쟁 후의 재건, 고도 경제 성장, 그리고 매년 발생하는 큰 재해 등으로 일본의 모래 사용은 비약적으로 늘어났다.

와카야마현의 시라라하마(白良浜) 해변은 글자 그대로 흰 모래사장으로 유명하다. 그러나 지금은 오스트레일리아로부터 모래를 수입하고 있다. 일본 전국 고등학교 야구 선수권 대회인 고시엔 야구장에서 고등학교 야구선수들이 기념으로 담아가는 모래에는 중국산 모래가 섞여 있다.

가부키에는 오다 노부나가와 도요토미 히데요시가 활약하던 시대의 큰 도둑 이시카와 고에몬(石川五右衛門)이 등장한다. 그를 잡아서 일가족과 함께 가마솥에 넣고 삶아 죽이는 극형에 처했을 때, 고에몬은 다음과 같은 시를 읊었다.

> "해변의 모래가 모두 없어진다고 해도, 세상의 도둑은 없어지지
> 않을 것이다."

여기서 '해변의 모래'는 무한한 것을 비유하기 위해서 인용한 것
인데, 이 구절은 참으로 현실적이었다.

모래와 물처럼 넘치고 넘치는 자원이 거대한 인류 활동 앞에서
고갈되고 있다. 이것이 지구의 현실이다.

『침묵의 봄』의 저자로 유명한 레이첼 카슨은 "세상의 모든 구불
구불한 해안, 모든 모래 알갱이에 지구의 이야기가 담겨 있습니
다"라고 했다. 지금부터 그 이야기를 찾아가 보겠다.

저자 이시 히로유키

차례

제1장 모래 코먼스의 비극

제2장 자원 쟁탈의 현장에서

제3장 **모래는 어디에서 왔을까**

제4장 은밀하게 활동하는 모래 마피아

제5장 '백사청송'은 어떻게 만들어졌을까

제6장 이후의 모래 문제

모래 코먼스의 비극

모래 자원이 고갈되기 시작했다

'모래'라고 하면 무엇이 떠오를까. 아름다운 모래사장, 넓고 넓은 사막, 아니면 놀이터의 모래밭. 모래를 둘러싼 이야기가 갑자기 세상을 뜨겁게 달구고 있다. 모래 수요가 급증해서 모래가 부족해졌기 때문이다.

유엔환경계획(UNEP, United Nations Environment Program)은 2014년 "모래 자원은 상상 이상으로 줄어들었다"는 내용의 보고서를 발표했다. 이에 따르면 세계에서 매년 470억~590억 톤의 모래가 채굴되고 있고, 그 70%가 건설용 콘크리트의 골재로 사용되고 있다.

골재는 말 그대로 콘크리트의 뼈대가 되는 재료인데, 주로 건설 공사에서 쓰이는 모래와 자갈을 '골재(骨材)'라고 한다. 특히 빌딩 건설과 공공 공사로 아시아, 중동, 아프리카, 중남미와 같은 개발 도상국의 도시들에 건설이 집중되어 많은 양의 모래가 필요하다.

건설에 필요한 모래의 시장 규모는 세계에서 약 700억 달러에 이른다. 산업 로봇 시장과 같은 규모이다. 현재 채굴되고 있는 지하자원의 85%가 모래다.

시험 삼아 500억 톤의 모래로 높이 5미터, 폭 1미터의 벽을 쌓는다면 지구를 125바퀴나 감는 벽을 만들 수 있다. 부피로 따지면, 도쿄돔(도쿄돔의 부피는 124만 세제곱미터) 2만 개에 해당한다. 화석 연료의 소비량을 석유로 환산하면 연간 130억 톤이니, 모래는 그 3~4배가 된다.

이런 소비량은 세계의 강이 1년간 운반하는 토사량의 약 2배에 해당한다. 그러므로 자연이 공급하는 것 이상의 모래가 소비되고 있다는 것을 알 수 있다. UNEP는 2060년에는 모래 소비량이 820억 톤까지 증가할 것으로 예측했다. 대부분의 모래는 하천의 바닥, 강가, 모래 언덕, 모래사장, 해저, 육지의 퇴적층에서 채굴된다.

자원이 고갈되어서 모래 수출을 금지하는 나라가 차례차례 등장하면서, 모래는 '글로벌 희소 상품'이 되었다. 그럼에도 모래 거래의 총량은 과거 25년 사이에 약 6배로 급상승했다. 또한 모래 자원을 불법으로 채굴해서 매매하는 나라가 70개국에 이른다고 UNEP는 밝혔다.

불법 모래 채굴과 거래를 좌지우지하는 어둠의 조직을 '모래 마피아'라고 하는데, 그들은 중국, 인도, 인도네시아, 나이지리아 등에서 은밀하게 활동하고 있다. 그들이 유력자, 관료, 경찰, 군부 등

16

과 결탁해서 모래 채굴을 반대하는 활동가나 저널리스트를 살해하는 일도 발생했다(제4장 참조).

강에서 나는 모래가 가장 품질이 좋은 골재인데, 채취하는 방법은 참 간단하다. 이전에는 주로 강가 노천에서 채취했지만 자원이 고갈되자 강바닥이나 해저에서 모래를 채취한다. 배에 흡인 펌프를 설치하고 강바닥으로 파이프를 내려서 모래를 빨아올리는데, 얕은 곳이라면 굴착 기계로 퍼서 배나 트럭으로 운반한다.

많은 나라에서 모래의 채취량, 소비량, 무역량에 대한 통계가 제대로 없어서 그 실태를 알 수 없다. 그뿐 아니라 부분적 통계도 과소평가되고 있다는 지적이 있다. 이에 UNEP는 세계의 시멘트 생산과 판매 수치를 근거로 모래 채취량을 대강 산출했다.

용도에 따라 혼합비는 다르지만 건축물에 사용되는 표준 콘크리트의 경우, 시멘트 1에 대해서 모래 등의 골재가 7의 비율로 들어간다. 세계의 시멘트 생산량은 연간 약 40억 톤이고 1990년 이후 4배로 늘었다(그림 1-1). 선진국의 모래 소비량은 더 이상 늘지 않고 있지만 중국이나 인도 등 개발도상국의 모래 수요는 급증하고 있다.

모래 코먼스의 비극

미국의 과학지 『사이언스Science』에는 2017년 「모래 코먼스의 비

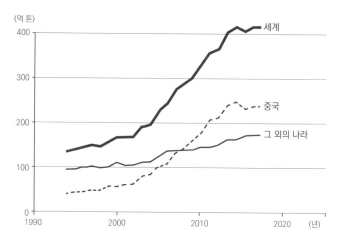

그림 1-1. 급증하는 세계의 시멘트 생산량

출처: 미국지질조사소

극」이라는 제목의 논문을 실었다. '코먼스의 비극'이라는 개념은 1968년 캘리포니아 대학교의 생태학 교수 개릿 하딘이 처음 만들어낸 것이다.

개릿 하딘은 봉건 영주가 경계를 정한, 가축 방목을 위해서 이용할 수 있는 공유지 '코먼스'를 예로 아래와 같은 이론을 전개했다. 누구나 자유롭게 이용할 수 있는 방목지에서는 마을 사람들이 각자 자신의 이익을 최대화하기 위해서 방목하는 가축의 수를 늘린다. 그 결과 방목지의 풀이 없어지고 급기야 가축은 굶주리게 된다. 즉 코먼스를 자유롭게 이용하면 파멸이 오기 때문에 관리가 필요하다는 주장이다(사진 1-1).

사진 1-1. 니제르에서 방목을 하는 농민

아프리카에서도 과잉방목을 하고 있다. '코먼스의 비극' 그 자체다.

출처: 저자

　또한 개릿 하딘은 인구 문제에도 특별히 관심이 많아서 "자원의 한계가 있는 지구(코먼스)에서는 자유롭게 자식을 낳을 권리가 없다"는 주장을 했다. 그는 당시 미국에서 금지되고 있는 임신중절권을 옹호했다. 1973년에는 약 200명의 미국 여성이 임신 중절 수술을 위해서 멕시코로 건너가도록 도운 단체 '지하 철도'의 운영에도 관여했다.

　그 후에도 그는 이민자를 받아들이는 정책에 반대하는 등의 글을 차례로 발표해서 물의를 일으켰다. 따라서 인권 옹호 단체와 인종 차별 반대 단체 등으로부터 집중적으로 비판을 받기도 했다. 그러나 환경이나 천연자원 보호 운동에 관여하는 활동가 중에는 그와 뜻을 같이하는 사람도 있다. 당시 나는 새내기 과학 기자였는데, 개릿 하딘의 논문을 읽고 많이 놀랐다. 분명 극단적인 논제도 있지만 "인류가 너무 급하게 달려가고 있는데, 지구는 과연 견딜 수 있을까"라는 문제 제기에 공감했다.

애초에 모래는 주인이 없는 것이라 여겨, 모래를 채취하면 큰 이익을 얻을 수 있었다. 현재 쟁탈전이 전개되고 있는 자원 모래는 『사이언스』지가 지적하는 바와 같이 '코먼스의 비극' 그 자체다. 국제적 규칙이 없는 가운데, 국가나 기업이나 특정 조직이 자신들의 이익을 최대로 키우기 위해 서로 빼앗고 있다.

이런 비극은 다른 자원이나 환경에서도 발생했다. 전형적인 예가 수산물이다(제6장 참조). "빠른 자가 장땡"이라는 논리로 수산물이 남획되고 있다. 빠른 시일 내에 공적으로 어업을 규제하거나 자원을 보호해야 한다. 친하게 지내는 어부의 말에 따르면 "바다에 떨어져 있는 돈을 내가 먼저 줍지 않으면 다른 누군가가 줍는다"는 것이다.

1972년에 민간 싱크탱크 로마클럽이 『성장의 한계*The Limits to Growth*』를 발표하면서, 유한한 자원에 대한 관심이 높아졌다. 그 후에도 코먼스의 비극은 찬반양론을 불러일으켰고, 지금까지 여러 가지 형태로 논의가 이어지고 있다.

지구 온난화와 오존층 파괴와도 관련된 대기를 비롯해서 수

자원, 삼림, 생물 다양성, 폐기물 등에서도 코먼스의 비극이 지적되었고, 유엔은 코먼스 보존에 관한 조약을 적극적으로 추진하고 있다.

이를테면 유엔 사막화 방지 협약(1996년 발효), 멸종 위기에 처한 야생 동·식물의 상업적 국제거래를 규제하는 워싱턴 협약(1975년 발효), 물새의 서식지를 보존하는 람사르 협약(1975년 발효), 오존층 파괴의 원인 물질 규제 방안에 대한 빈 협약(1989년 발효), 유해 폐기물의 국가 간 이동 및 처분을 규제하는 바젤 협약(1992년 발효), 생물 다양성 협약(1993년 발효), 유엔 해양법 협약(1994년 발효), 수은에 관한 미나마타 협약(2017년 채택, 발효) 등이 있다.

2003년 9월 하딘 부부의 비극이라는 충격적 뉴스가 세계를 놀라게 했다. 개릿 하딘과 그의 아내가 캘리포니아 자택에서 동반 자살을 한 것이다. 그는 88살이고 부인은 81살이었다. 결혼 62주년을 기념한 직후의 일이다. 부부는 둘 다 건강이 좋지 않았고, 안락사를 인정하는 생명 종식 협회(End-of-life Society, 현 헴록협회)의 회원이었다.

도시화의 세기

20세기는 선진국뿐만 아니라 개발도상국에서도 인구가 폭발적으로 증가하면서 도시가 크게 팽창하는 시대였다. 이로 인해 콘크리트 공급이 늘어났으며, 나아가 모래 자원이 부족해졌다.

유엔세계인구백서에 따르면, 세계 인구는 1900년 16억 5,000만 명에서 2018년 76억 3,100만 명으로 4.6배 증가했다. 이 사이에 도시 인구는 2억 2,000만 명에서 42억 명으로 19배 늘었다. 총인구 중 도시에 사는 인구의 비율을 '도시화율'이라고 하는데, 도시화가 얼마나 빠르게 진행되었는지 알 수 있다.

세계 233개국 지역을 망라한 유엔의 「세계 도시 인구 예측」 2018년판에 따르면, 1950년 당시 세계의 도시화율은 30%에 지나지 않았는데 2007년에 인류 사상 처음으로 도시 인구가 농촌 인구를 초월했다. 2018년에는 도시화율이 55%였고, 이대로 도

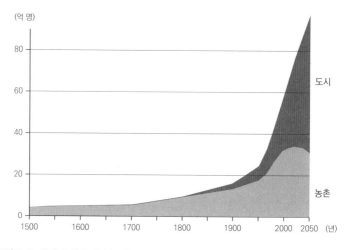

그림 1-2. 세계 도시·농촌 인구 추이와 예측

출처: 유엔 「세계 도시 인구 예측」 2018년판

시화가 진행되면 2050년에는 68%까지 늘어날 것으로 예측한다 (그림 1-2). 한편 2018년 일본의 도시화율은 53%로 세계 평균에 미치지 못하고 있다.

세계에서 도시 인구는 연간 약 7,100만 명씩 늘어나고 있다. 지구상에 베이징시가 매년 3개씩 만들어지는 셈이다. 2018년부터 2050년 사이에 늘어날 세계의 도시 인구에서 인도(+4.16억 명), 중국(+2.55억 명), 나이지리아(+1.89억 명) 3개국이 37%를 차지한다.

개발도상국의 경우 1950년 18%였던 도시화율이 2018년 51%로 반수가 넘었다. 2025년에는 66%가 될 것이므로 선진국의 1970년 수준이 된다. 2018년 시점에 북미 82%, 남미와 카리브 지역 81%, 유럽 75%, 오세아니아 68% 순으로 도시화율이 높다. 아시아의 도시화율은 현재 50%에 가깝다. 특히 말레이시아, 중국, 태국이 탑3이다(그림 1-3). 한편 농촌 인구가 아직도 많은 아프리카는 도시화율이 43%에 머물고 있다.

머지않아 세계 인구의 3분의 2가 도시에 살게 된다. 게다가 2050년까지 늘어나는 도시 인구 25억 명 중 약 90%는 아시아인과 아프리카인일 것이다.

이후에는 특히 저소득 국가에서 도시가 계속 확대될 것으로 보인다. 그 가운데에는 도시 기능이 인구 증가를 따라가지 못하는 나라도 많고, 주택 생활 기반이 부족해 슬럼 인구만 무질서하게 증가하는 사태도 발생할 것이다. 농촌에서는 반대로 공동화가 진행될 것이다. 벌써 아프리카와 아시아에서는 인구 감소에 따른 농

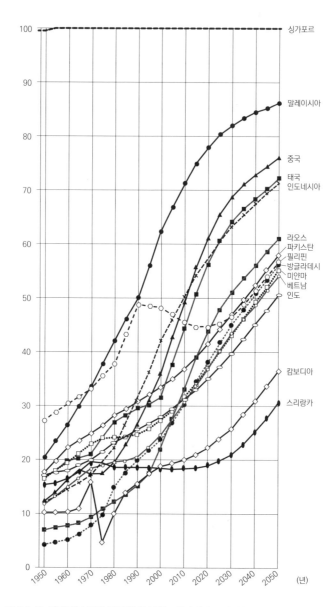

그림 1-3. 세계에서 가장 빠르게 상승하는 아시아의 도시화율

출처: 유엔「세계 도시 인구 예측」 2018년판

촌 붕괴가 눈에 띈다. 일본에서도 과소화와 한계취락의 위기가 다가오고 있다. 여기서 '한계취락'이란 쇠퇴해서 이미 한계가 다 된 취락이라는 뜻으로, 소멸하는 취락을 말한다.

도시 인구 증가의 원인은 도시의 인구 증가, 농촌에서 도시로의 인구 유입이다. 그리고 최근에는 해외에서 온 이민자와 난민이 도시 인구에 더해졌다. 많은 이민자와 난민을 받아들인 유럽에서는 도시 내에 외국인 집단 주거 지역이 만들어지면서 다양한 사회적 대립이 발생하고 있다.

늘어나는 고층 빌딩

인구가 가장 많았던 도시를 역사적으로 되짚어 보면 1000년에는 45만 인구의 코르도바(스페인), 1800년에는 110만 인구의 베이징, 1900년에는 650만 인구의 런던이었다. 그리고 현재 인구가 가장 많은 도시는 도쿄·요코하마를 중심으로 하는 일본의 수도권으로, 3,700만 명의 인구를 자랑한다.

현재 인구 1,000만 명 이상의 '메가시티'가 연달아 출현하고 있다. 유엔 통계에 따르면, 2018년 20개국에 33개의 메가시티가 있다(그림 1-4). 도시 범위의 정의에 따라 통계 숫자가 달라지지만 여기에서는 유엔의 통계를 따르겠다. 세계 최대의 도시는 도쿄·요코하마를 중심으로 하는 일본 수도권으로 인구 3,700만 명이

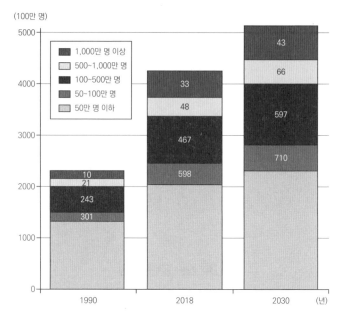

(100만 명)

그림 1-4. 급증하는 세계의 거대 도시

출처: 유엔 「세계 도시 인구 예측」 2018년판

다. 델리 2,900만 명, 상하이 2,600만 명, 상파울루와 멕시코시티
가 2,200만 명으로 그 뒤를 잇는다.

메가시티 중 20개가 아시아 대륙에 있는데, 세계 도시 인구의
절반 이상이 그곳에서 살고 있다. 2030년에는 메가시티가 43개
로 증가할 것이며 그 대부분이 개발도상국에 존재할 것이다.

특히 2,000만 명을 초과하는 메가시티는 '메타시티' 또는 '하이
퍼시티'라고 불린다. 일본의 수도권은 메타시티 제1호인데, 1960

년대 중반에는 인구가 2,000만 명에 달했다. 그러나 이후에는 일본 수도권의 인구가 감소할 것이다. 2050년에는 약 1,300만 명으로 감소해서 10년 이내에 델리에게 1위 자리를 물려줄 것이다.

10년 정도 전에 인구 2,000만 명을 넘긴 델리에서는 인구가 계속해서 경이적으로 증가하고 있다. 2030년에는 3,900만 명으로 세계 최대 도시가 될 것이다. 카이로는 이미 인구 2,000만 명을 돌파했다. 뭄바이, 베이징, 다카도 인구 2,000만 명에 육박했다.

멕시코시티와 상파울루는 남미의 주요 대도시권이다. 그러나 최근 멕시코시티는 경제 성장이 여의치 않고, 상파울루도 경기 후퇴와 실업률 상승 등으로 인구 증가율이 떨어지고 있다.

세계의 메가시티에는 5억 2,900만 명, 즉 세계 도시 인구의 약 8분의 1이 산다. 메가시티는 시대를 반영한다. 이를테면 1970년부터 1990년에 걸쳐서 뉴욕권, 파리, 오사카 3개의 메가시티가 탄생했다. 이런 선진국의 도시들은 연 1% 미만의 증가율로 천천히 확대되었다.

한편 델리, 이스탄불, 카라치, 라고스, 킨샤사, 다카, 선전 등 개발도상국의 도시들에서는 매년 4% 이상 도시화가 더 급격히 진행되고 있다.

높이 300미터가 넘는 최초의 초고층 빌딩은 1930년 뉴욕의 맨해튼에 그 모습을 드러냈다. 높이 319미터인 크라이슬러 빌딩이다. 그런데 이듬해 같은 뉴욕에 381미터의 엠파이어스테이트 빌딩이 준공되었고, 1위 자리를 빼앗았다. 이 건물의 애칭은 '마천루'

다. 말 그대로 하늘에 닿을 것 같은 위용이었다. 1972년 높이 417미터인 세계무역센터의 북동(2001년 911테러로 붕괴)이 들어서기 전까지 42년간 세계 제1의 자리를 지켰다.

미국에 본부를 둔 세계 초고층 도시 건축 학회(CTBUH, Council on Tall Buildings and Urban Habitat)가 2019년 말에 발표한 세계 고층 빌딩 리스트에 따르면, 300미터 이상의 초고층 빌딩(본체만)이 세계에 178개나 있다. 이 중 88개가 중국에 있다.

대도시에서 입지 부족 문제를 해소하기 위해서, 빌딩은 점점 더 높이 하늘을 향하게 되었다. 세계에서 가장 높은 빌딩은 2009년 아랍에미리트 두바이에서 완공된 828미터의 부르즈 할리파(제2장 참조, 사진 1-2)이다. 2위가 상하이의 상하이 타워(632미터), 3위가 메카(사우디아라비아)의 아브라즈 알 바이트 타워(601미터), 4위가 선전의 핑안국제금융센터(599미터), 5위가 톈진의 골딘 파이낸스 117(597미터). 일본은 169위에서 겨우 얼굴을 내미는데, 오사카의 아베노 하루카스(300미터)가 일본에서 가장 높은 빌딩이다.

뉴욕이나 일본의 수도권 등의 대도시에서는 인구가 증가하고 경제가 발전하면서, 오피스 빌딩의 수요에 따라 입지 조건이 좋은 장소에 고층 빌딩을 세웠다. 그런데 지금은 개발도상국에서 기발한 디자인의 초고층 빌딩이 잇달아 건설되고 있다. 국가의 위엄과 경제력을 자랑하기 위해서다.

늘어나는 건축물은 모래를 마구 흡입한다. 부르즈 할리파를 건설하는 데 약 76만 톤의 콘크리트가 사용되었다. 이 중 70%인

사진 1-2. 부르즈 할리파

2023년 현재 세계에서 가장 높은 빌딩이다.

출처: unsplash

약 53만 톤이 모래이다. 세계에서 두 번째로 높은 상하이 타워는 632미터의 빌딩을 지탱하는 기초 부분에만 14만 톤의 콘크리트를 들이부었다. 도쿄 올림픽 수영장 크기의 풀이 132개 필요한 양이다.

초고층 빌딩의 40% 이상이 있는 중국에서는 연간 25억 톤에 가까운 콘크리트를 소비하고 있다. 미국이 20세기 100년간 사용한 콘크리트의 총량이 45억 톤이라고 하니, 숫자만 보면 중국이 2년간 사용한 것에 미치지 못한다. 빌 게이츠는 2014년 자신의 블로그 '게이츠 노트(The Gates Notes)'에서 중국의 발전하는 모습을 소개하면서 "중국은 과거 3년간 미국이 20세기 100년간 사용한 양보다 많은 시멘트를 사용했다"고 말했을 정도다.

거대 빌딩이 급증하면서 모래 수요도 증가했다. 국제무역위원회(ITC, International Trade Commission)에 따르면, 2018년 모래 수입액의 순위는 1위 싱가포르, 2위 캐나다, 3위 네덜란드, 4위 벨기에, 5위 아랍에미리트연합이다. 한편 수출액 순위는 1위 미국, 2위 네덜란드, 3위 독일, 4위 벨기에, 5위 오스트레일리아이다.

UNEP의 추정에 따르면, 모래의 국제 무역량은 매년 5.5%씩 급성장했다. 연 약 3%의 성장률을 보이는 세계 무역량 가운데, 모래 거래량의 증가가 압도적이다.

도시화의 시시비비

서구와 일본에서 도시화가 진행된 이유는 고용만이 아니라 오락, 정보, 의료, 교육 시설이 도시에 집중되어 있기 때문이다. 생활 기반이 완비된 도시에서의 생활은 쾌적하다. 많은 사람들이 문화를 찾아서 도시로 이동하는 것은 당연하다. 노동자와 다양한 사람들이 모여서 경제 활동이 활발해지면, 도시는 인재만이 아니라 자원과 에너지를 흡수해서 더 많이 경제 성장을 하게 된다.

도시의 확대와 더불어 선진국 사람들의 라이프 스타일도 일변했다. 일본에서도 목조 주택에서 콘크리트 고층 집단 주택으로의 대이동이 일어났다. 일본 전국의 세대수 중 분양받은 맨션에 살고 있는 세대수의 비율을 '맨션화율'이라고 한다.

부동산 데이터 뱅크의 조사에 따르면, 2018년 일본 전국의 맨션화율은 12.5%. 대략 1억 2,700만 명의 인구 중 1,533만 명이 맨션에서 생활하고 있다고 추정된다. 1999년에서 2018년까지 20년 사이 맨션의 수도 약 2배로 늘어났다.

특히 대도시권에서는 맨션화율이 높다. 도쿄도가 27.4%로 가장 높다. 이어서 가나가와현이 22.8%, 오사카부가 19.4%로 뒤를 잇는다. 구 단위로 봐도, 대도시에서는 어디나 맨션에 사는 가구가 반이 넘는다.

도시에서 핵가족화가 진행되고 1인 가구와 고령자 세대가 증가하며, 교통과 쇼핑이 편리해지고, 방범도 강화되면서 집단 주택이 급증했다. 이는 선진국들에서 공통적으로 나타나는 현상이다. 이것은 곧바로 도시의 콘크리트화로 이어졌다.

사물과 에너지가 대량으로 소비되는 선진국의 도시들에서는 폐기물이 급증하고, 대기 오염, 소음, 진동 등의 공해가 주민을 괴롭힌다. 개발도상국에서도 도시 집중 현상으로 인해 도로에 자동차가 넘쳐나 교통사고가 발생하고, 배기가스, 공장의 매연과 폐수로 환경이 오염되며, 재해 발생 시 주택들이 밀집되어 있어 피해가 더 키지는 등 문제가 심각하다.

일본에서는 맨션의 노후화와 재건축이 사회 문제가 되고 있다. 건축한 지 30년 이상 지난 맨션이 약 185만 동이고, 그중 40년 이상 된 건물이 약 70만 동이나 된다. 30년 이내에 70%의 확률로 발생하는 수도 직하형 지진으로 맨션이 무너지는 일은 비교적 적겠지만, 높은 층에서는 상당한 피해가 예상된다.

한편 개발도상국에서는 대도시로의 인구 유입, 슬럼화가 심각해졌다. 개발도상국에서는 지방으로부터 많은 농민이 직장을 구하러 도시로 모인다. 그들 중 대부분은 만족할 만한 수입이 없어 빈곤한 삶으로 직행한다. 유엔 인간 정주 프로그램(HABITAT)은 세계의 도시에 사는 42억 명 중 10억 명을 슬럼 인구로 보고 있다.

HABITAT가 동아시아-태평양 지역을 대상으로 실시한 조사에 따르면, 도시 주민 중 슬럼 주민의 비율이 캄보디아에서 약 55%, 미얀마에서 41%, 필리핀에서 38%를 차지한다. 태국, 인도네시아, 베트남 등에서도 슬럼 주민 비율이 20%를 웃돈다.

사진 1-3. 브라질 리우데자네이루의 호시냐 파벨라(빈민가)

빈민가와 고층 빌딩들이 공존하고 있다.

출처: 위키피디아

중남미에도 대도시 주변에 빈민가(사진 1-3)가 깔려 있어서, 최근 정치적 혼란과 치안 악화를 초래했다. 미래 도시로서 1960년대에 건설된 브라질의 새 수도 브라질리아는, 아무것도 없는 초원에 갑자기 참신한 디자인의 거대 빌딩이 들어선 인공 도시이다. 그런데 전국에서 모여든 건설 노동자가 완공 후에도 떠나지 않고 수도 주변에 남아서 거대한 빈민촌을 만들었다. 미래 도시와 이를 둘러싼 빈민가는 이 나라가 안고 있는 모순의 상징이기도 하다.

도시에 사는 젊은이들의 실업률은 일반적으로 높다. 2010년 아랍과 북아프리카 일대에 확산된 민주화 운동 '아랍의 봄' 당시 반란의 중심은 도시에 사는 젊은 실업자들이었다. 독재 정권의 압제에 시달리던 젊은이들에게는 민주화가 이루어질 것이라는 희망으로 불타는 '봄'이었다. 그런데 그 희망은 이미 절망으로 바뀌었고, '아랍의 봄'은 온데간데없이 사라졌다.

과밀한 도시는 감염병의 온상이기도 하다. 말라리아, 콜레라, 기생충성 질환, 성병, 인플루엔자 등이 만연하다. 아프리카에서 시작해서 세계적으로 대유행한 에이즈는 빈민가에서 폭발적으로 확산되었다.

2019년 말에는 중국의 우한시에서 퍼지기 시작한 신종 코로나 바이러스가 전 세계를 휩쓸어, 금세기 최대의 팬데믹이 되었다. 이것도 도시의 인구 과밀을 빼놓고 생각할 수 없다. 비말로 전파되는 바이러스에게 인구가 집중된 곳은 최고의 환경이다.

제2장

자원 쟁탈의 현장에서

중국의 도시화

개발도상국 대도시의 변모는 엄청나다. 몇 년 사이에 완전히 바뀌어 같은 도시라고 생각할 수 없을 정도다. 거대화되어 가는 도시가 그 성장 과정에서 얼마나 많은 모래를 탐욕스럽게 흡입했을까. 중국 상하이를 찾아가 보자.

유엔의 「세계 도시 인구 예측」 2018년판에 따르면, 중국의 인구는 2018년에 14억 명을 넘어섰고, 그중 59%가 도시에 산다(그림 2-1). 인류 역사상 본 적이 없는 속도로 도시화가 진행되고 있다. 중국의 도시 인구는 세계에서 가장 많다. 2018년에는 8억 3,700만 명으로 세계 도시 인구 전체의 20%를 차지했다. 미국, 인도네시아, 브라질 3국의 인구를 합한 것보다 많은 사람이 도시에 살고 있는 셈이다.

중국의 도시화는 대도시가 수없이 많이 새롭게 탄생하는 것이 특징이다. 1970년 당시 인구 500만 명이 넘는 곳은 상하이 하나

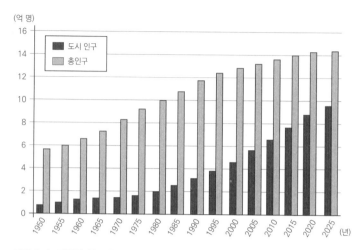

(억 명)

그림 2-1. 중국의 인구와 도시화 추이(1950~2025년, 2020년 이후는 예측)

출처: 유엔 「세계 도시 인구 예측」 2018년판

뿐이었다. 그런데 2018년에는 이른바 중국 10대 도시 중 충칭, 광저우, 우한, 톈진, 홍콩, 선전, 둥관, 선양이 인구 500만의 도시가 되었다.

세계에서 인구 증가가 가장 심한 10개 도시 중 7개가 중국에 있다. 그 외의 3개는 아부자(나이지리아), 마하발리푸람(인도), 두바이(아랍에미리트연합)다.

중국의 도시 인구는 2025년에 10억 명에 육박할 것이다. 이때 도시 거주자는 새롭게 2억 5,500만 명이 늘어난다. 세계에서 인구가 가장 많은 도시 200개 중 47개가 중국에 존재하게 된다. 22개 도시는 인구 500만 명 이상, 8개 도시는 인구 1,000만 명 이상

사진 2-1. 〈비터 머니〉 포스터
영화 〈비터 머니〉는 지방에서 대
도시로 올라와 일하는 중국 노동
자의 일상을 그리고 있다.

의 메가시티가 될 것이다.

이런 엄청난 숫자의 배경에는 무시할 수 없는 현실이 있다. 제
73회 베네치아 국제영화제에서 2개의 상을 수상한 왕빙 감독
의 영화 〈비터 머니(2016)〉(사진 2-1)는, 지방에서 대도시로 올라
와 봉제 공장에서 일하는, '농민공'이라고 불리는 노동자의 일상을
그리고 있다. 이 영화에서는 가난에서 벗어나기 위해서 대도시로
나왔지만 빈곤에 허덕이며 1위안의 돈에 일희일비하는 노동자의
모습을 볼 수 있다. "일을 해라! 일을 해라!"는 카피로 영화의 막이
내린다. 더 나은 삶을 살겠다는 꿈을 품고 도시로 나왔지만 착취

와 저임금 속에서도 일을 해야만 하는 사람들이 도시의 팽창을 지탱하고 있다는 대도시의 이면을 보여주고 있다.

1970년대 말에 시작된 개혁 개방 정책 이후, 농촌과 도시 사이에는 엄청난 격차가 생겼다. 이에 농촌에서 도시로 대규모 인구가 이동했고, 도시의 수는 193개에서 672개로 증가했다. 중국 정부는 공공 교통망 정비로 도시화를 선동했다. 그러나 여전히 〈비터머니〉에서 그린 빈부 격차는 남아 있다.

호적 제도 완화

중국 도시화를 이야기하면서 피할 수 없는 것이 호적 제도이다. 모든 중국인의 호적은 농촌 호적(농업 호적)과 도시 호적(비농업 호적)으로 나뉜다. 1950년대 후반에 도시 주민의 식량 공급을 확보하기 위해서 도입된 제도다.

이후 농촌에서 도시로의 이동은 엄하게 제한되어 중국인들은 자유롭게 이동할 수가 없었다. 도시에서 일하는 농민 출신 노동자는 '농민공'이라고 불리며 농촌 호적을 그대로 가지고 도시에서 일하는 음지의 존재였다. 임금은 적고, 도시 주민과 같은 의료, 주거, 교육 등의 공공 서비스는 받을 수가 없었다.

모든 면에서 농촌 호적을 가진 사람은 도시 호적을 가진 사람에 비해서 불리한 처지였다. 대학 진학, 결혼, 취업, 주택 구입 등에서 차별받았다. 이전에 베이징 대학교에서 교편을 잡고 있을 때, 헤이룽장성 출신의 대학원생이 "농촌에서 태어났다는 이유만으로 도시 출신인 사람보다 몇 배는 더 노력해야 한다"고 불합리함을 절절히 토로했다. 그녀는 일찍이 있었던 남아프리카의 아파르트헤이트(인종 격리 정책)와 다를 바 없다고 분개했다.

'농민공'이라는 존재가 중국의 경제 성장을 유지해 온 것도 사실이다. 지방에서 일을 찾아 도시로 올라온 농민공은 열악한 노동 조건과 적은 임금에도 일을 하지 않을 수 없었다. "9억 농민을 착취하는 4억 도시 주민"이라는 비판을 들어본 적이 있을 것이다.

도시의 일손 부족과 인력난 때문에 호적 차별을 계속할 수는 없었다. 중국 정부는 농촌 지역의 빈곤을 경감하고 도시화를 추진하기 위해 도시 호적 취득 제한을 완화하는 방침을 내놓았다. 2019년 전국인민대표대회에서 보고된 정부 공작(활동)에서는, 2018년 농촌의 빈곤 인구가 1,386만 명 감소한 것을 강조했다. 이뿐만 아니라, 2019년 이후 농촌의 빈곤 인구는 1,000만 명 이상 감소할 것이라는 예측을 내놓았다.

농촌의 빈곤 인구를 줄이기 위한 수단으로 지방의 빈곤 지역에서 도시로 유입된 농민공에게 도시 호적을 부여하는 '시민화'를 진행해 왔다. 지방에서도 호적 제한이 철폐되거나 완화되고 있다. 그 결과 약 9,000만 명의 농민공이 도시 호적을 취득했다. 2000년도 도시 호적 보유자는 인구의 36%였는데, 2018년에는 44%로 상승했다. 농민공이 도시 호적을 취득하면서 도시는 더 빠르게 팽창하게 되었다.

한편 베이징과 상하이 등에서는 이미 인구 과잉 현상이 두드러져 주택 가격은 뛰어올랐고, 대기 오염, 교통 혼잡 등 대도시의 문제가 심각해졌다. 이후 500만 명 이상의 거대 도시에서는 호적 취득을 제한하고, 그 이하인 인구 300만~500만 도시에서는 완화할 방침이다.

상하이의 놀라운 발전

대도시 중에서도 상하이의 발전 속도에는 놀라움을 금치 못한다. 1970년대 초 처음으로 상하이를 방문했을 때, 상하이에서 가장 높은 빌딩이 고급 호텔 상하이 국제반점이었다. 1934년 난징서로(南京西路)에 개업한 격조 높은 호텔이다. 84미터의 22층 빌딩인 국제반점은 1983년까지 상하이에서 가장 높은 빌딩이었다.

1842년 청나라가 아편 전쟁에서 패배하자, 난징 조약에 의해 상하이 시내에 영국, 미국, 프랑스, 일본이 잇따라 '조계(租界)'라는 거주지를 설치했다. 조계란 외국인의 거류지로 개방된 치외 법권 지역이다. 그런데 태평양 전쟁이 시작되면서 일본군이 각국의 조계를 점령했고 약 100년에 걸친 조계시대가 막을 내렸다. 그래도 국제적 문화의 향기는 마을의 모습에 그대로 남았다.

일본이 패전하고 1949년에 중국 공산당이 정권을 잡은 후, 상

사진 2-2. 상하이의 상징 푸둥신구

출처: 위키피디아

하이는 중국 최대의 무역항으로 공업과 과학 기술의 중심이 되었다. 이후 문화대혁명이 발발하면서 일시적으로 경제 발전이 정체되었지만 개혁 개방 정책 이래 다시 번영을 되찾았다.

1992년 중국 국무원이 상하이의 중심을 흐르는 황푸강의 동쪽에 자리하는 푸둥신구를 '국가적 중대 발전과 개혁 개방 전략의 중심이 되는 종합 기능구'로 지정하면서, 푸둥신구는 국제 금융, 무역, 경제의 중심이 되었다. 이에 1992년 이후 대규모 발전이 이루어졌고 금융 기관과 고급 호텔, 초고층 빌딩이 들어선 신도심으로 크게 변모했다(사진 2-2).

한편 황푸강 서쪽 일대는 이전에는 조계 지구로 상하이 행정과 경제의 중심지였다. 상하이의 랜드마크는 높이 468미터인 동방명주 TV 타워이다. 1994년 완공 당시에는 아시아에서 가장 높은 철탑이었는데, 지금은 도쿄 스카이트리와 광저우 쯔다푸 타워에 밀려서 아시아 3위이다(실제로는 2023년 현재 상하이 타워, 평안금융센터, 텐진 골든파이낸스, 롯데월드 타워, 쯔다푸 타워에 밀려 아시아 5위권에도 들지 못한다.-역주). 전망대에서의 조망과 불이 밝혀진 야경으로 유명한 관광 명소이기도 하다.

동방명주 TV 타워가 완공됐을 무렵부터 상하이의 거리는 크게 바뀌었다. 가는 곳마다 건설 공사가 시작되었고, 거리에는 높은 크레인이 마구 늘어섰다. 현재는 높이 200미터 이상의 빌딩이 56개나 되고 높이 400미터 이상의 건물도 7개나 된다.

이렇게 서구를 능가할 정도로 수많은 고층 빌딩이 건설되고 도로와 다리, 그 외의 산업 기반과 생활 기반이 정비되면서 상하이는 초근대적 도시로 다시 태어났다. 예전에는 왕후 귀족이 거대한 성을 자랑하고 교회가 대성당의 첨탑 높이로 경쟁했었다. 높이가 바로 부와 권력과 위신의 상징이었기 때문이다. 지금은 고층 빌딩이 경제 발전을 과시하고 있다.

거리를 걷는 사람들의 복장은 세련되었고, 번화가의 쇼윈도에는 세계의 최첨단 패션이 진열되어 있다. 이전에는 현지의 대학교 동료들과 점심을 먹을 때 내가 사는 것이 당연한 일이었지만 지금은 얻어먹는 날이 더 많아졌다. 음식 가격은 도쿄 수준이다.

십수 년 전 도로에는 자동차의 경적 소리가 끊이지 않았고, 신호를 무시하는 일은 당연했으며 교차로에는 사방팔방에서 자동차가 뛰어들어 왔다. 횡단보도를 건너기 위해서는 목숨을 걸어야할 정도였다. 그런데 지금은 경적 소리도 들리지 않고, 운전도 신사적이다.

감시 사회라고 할 수 있는 상하이의 거리에는 어디에나 감시 카메라가 있고, 고성능 화상 인식 기술로 개인의 행동이 감시되고있다. 불법 운전을 하면 바로 잡힌다. 무섭게 밀려오는 경제 발전과 동시에 놀라운 변화가 일어나고 있다.

채굴로 심각해진 자연재해

급속한 도시화로 인해 중국에서는 세계가 이제까지 경험하지못한 건설 러시가 이어지고 있다. 도로, 다리, 터널 등의 인프라, 오피스 빌딩, 초고층 아파트, 쇼핑센터 등의 거대한 건물이 매일새롭게 모습을 드러낸다.

도시 건설로 모래 수요가 급격하게 늘어났다. 2018년에는 중국의 건설용 모래 수요가 약 40억 톤을 초과했다. 중국의 시멘트 소비량도 지난 20년 사이에 4.4배 증가했다. 중국은 세계의 모래 소비량의 60%를 차지하고 있고, 20세기에는 세계의 건설을 지배한미국을 크게 초월했다.

바위는 강물의 흐름 속에서 부서지기도 하고 마모되기도 하면서 모래가 된다. 강의 상류와 중류에서는 자갈과 모래가 많이 생

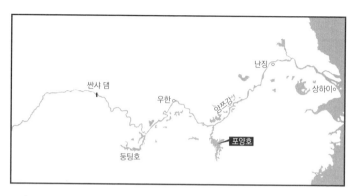

그림 2-2. 포양호의 위치

산되는데, 중국의 양쯔강과 황허 등 큰 강에서는 상류에서 하구까지의 길이가 길어서, 모래가 하류에 도달했을 때는 진흙이나 가는 실트(제3장 참조)가 된다.

중국에서 모래가 채굴되는 곳은 양쯔강 중류의 포양호(그림 2-2), 북한과 인접한 동북 지방과 산둥반도, 저장성, 푸젠성, 광둥성, 하이난성 그리고 베트남과 인접한 광시장족 자치구에 걸친 남동 해안 지방 등으로 한정된다. 이 지역들에 양질의 자갈의 원료가 되는 화강암이 널리 분포되어 있다.

상하이 중심부에 병풍을 치고 있는 고층 빌딩군을 바라보고 있으면, 이 많은 건물들이 들이마신 모래는 대체 어디에서 온 것인지 의문을 품게 된다. 1980~90년대에는 양쯔강 연안에서 채굴한 모래에 의지했다. 그러나 강가와 하천 바닥의 모래가 없어지면서, 다리와 제방이 붕괴하고 홍수가 발생했다.

1998년 양쯔강 하류에서 재해 면적 약 20만 제곱킬로미터(일본 열도 면적의 약 60%), 피해자 2억 2,000만 명, 사망자 4,000명에 이르는 대규모 홍수가 발생했다. 피해자는 중국 전 인구의 5분의 1에 해당했다.

2020년 7월에는 연일 호우였으며, 양쯔강 중·하류 유역을 다시 대홍수가 덮쳤다. 포양호의 수위는 사상 최고였던 1998년의 홍수 때보다 더 올라갔다. 정부는 포양호의 제방을 인위적으로 파괴해서 물을 농지로 흘려보내고 수위를 억제하는 수단을 강행했다.

중국 공산당의 깃발을 단 굴착기가 제방을 부수는 동영상이 인터넷에 떠돌아다녔고, "하류의 우한을 지키기 위해서 포양호를 버렸다"는 비난이 쏟아졌다. 정부의 발표에 따르면 이 홍수로 장시성, 안후이성, 후베이성 등 27개의 성에서 적어도 약 6,300만 명이 피해를 입었고, 5만 채의 가옥이 무너졌다.

정부는 2000년에 양쯔강 중·하류에서의 모래 채굴을 금지했다. 모래 채굴장은 상하이에서 600킬로미터 상류에 위치한 장시성 북부 양쯔강 남안에 있는 포양호로 옮겨졌다(사진 2-3). 이 호수는 중국 최대의 담수호인데, 양쯔강으로부터 5개의 지류가 유입되고 있다. 그래서 호수의 면적은 계절에 따라 146제곱킬로미터에서 3210제곱킬로미터까지 크게 달라진다. 양쯔강의 물이 불어날 때는 포양호가 수량을 조절하는 저수지의 역할을 한다.

포양호와 양쯔강의 합류 지점에 있는 스중산(石鐘山, 석종산)은 예로부터 아름다운 풍경으로 사랑을 받고 있다. 북송시대의 저명

사진 2-3. 포양호에서 모래를 싣고 나오는 배

출처: Jin Jiefeng 촬영

한 문인이자 정치가였던 소식(蘇軾)은 1084년 스중산을 찾아가서 유명한 산문 「석종산기(石鐘山記)」를 남겼다.

희생되는 생물들

양쯔강에서 모래 채굴이 금지된 직후인 2001년, 포양호에는 중소형 모래 준설선 몇백 척과 노동자 몇천 명이 몰려들었다. 중국과 미국의 연구자 그룹이 인공위성 화상으로 호수에 출입하는 준설선의 수를 조사해서 모래 반출량을 추정하니, 연간 2억 3,600만 세제곱미터(도쿄돔 약 200개에 상당)나 되었다. 인공위성 사진에는 수백 척의 채굴선이 촬영되었다. 이것은 중국에서의 모래 수요의 9%에 상당한다.

포양호는 세계 최대의 모래 공급지가 되었다. 모래는 양쯔강 하류의 상하이와 우한 등의 대도시로 운반되어서 건축물과 생활 기반 시설을 건설하는 데 사용되었다.

모래 채굴은 굴착기를 강가나 얕은 여울에 세우고 모래를 긁어모으는 방법으로 진행된다. 이 방법으로 모래를 다 긁어모으면, 그다음에는 채굴선 뱃머리에 팔이 달린 흡인 펌프를 연결해서 강바닥의 모래를 빨아올린다. 대형 기계로는 1시간에 1만 톤의 모래를 빨아올릴 수가 있다. 모은 모래는 운반선으로 옮겨 싣거나, 일단 물가에 쌓아두었다가 트럭으로 운반한다.

포양호는 원래 철새의 중요한 도래지로 희귀한 생물이 많이 서식하는 곳이다. 따라서 전 세계에서 채굴을 비판하는 목소리가 높아졌다. 장시성에서는 모래 채굴을 2008년 4월에 일시적으로 금지하고, 개발이 환경이 미치는 영향의 정도나 범위를 사전에 예측하고 평가하는 환경 영향 평가를 실시했다.

야생 생물에 미치는 영향, 예상되는 이후의 모래 생산량, 지역에 대한 경제적 영향 등을 평가한 결과, 채굴 규모를 축소하기로 결정했다. 그런데 호수에서 철새를 조사하는 중국의 현지 연구자로부터 직접 이야기를 들어보니, 여전히 많은 모래 운송선이 포양호에 드나들고 있고 채굴은 지금도 변함없이 계속되고 있다고 한다.

이 연구자의 보고에 따르면, 하천에 유입되는 모래의 양보다 30배나 더 많은 모래가 채굴되었고, 그 결과 호수는 넓고 깊게 파여서 생태계가 크게 바뀌었다. 1995년과 2013년의 미국항공우주

사진 2-4. NASA의 1995년(왼쪽)과 2013년(오른쪽) 포양호 일대 위성 사진

모래톱이 줄어든 것이 확연히 보인다.

출처: Nasa Observatory

국(NASA)의 위성 사진(사진 2-4)은, 중국 포양호와 양쯔강을 잇는 수로의 지형이 모래 채굴로 크게 바뀐 것을 증명했다. 이뿐만 아니라, 위성 사진은 호수에 유입하는 하천의 흐름이 바뀌어서 주위의 습지가 사라진 사실을 여실히 보여주었다.

포양호에는 어업 자원이 풍부해서 주변에 수천 명의 어민이 살고 있었는데, 난획으로 어획량이 크게 감소했다. 이에 2020년 1월부터는 자원을 보호한다는 이유로 봄과 겨울철의 어획을 전면 금지했다. 그 결과 1,000년 이상 이어진 전통 어법인 '가마우지 낚시'는 명맥을 잇기 어려워졌다.

습지가 펼쳐진 포양호는 중국의 국립 자연 보호구이며, 물새가 서식하는 습지대를 국제적으로 보호하기 위해서 지정한 람사르

사진 2-5. 세계의 시베리아흰두루미 90%가 월동하는 포양호

출처: Jin Jiefeng 촬영

협약에 등록된 보호 구역이기도 하다. 동아시아 최대의 철새 월동지로 이제까지 381종의 새가 등록되었고, 중국의 모든 조류 중 약 28%가 이곳에서 관찰되었다. 이 가운데 12종이 멸종 위기종이다.

유라시아 대륙 각지에서 50만 마리의 철새가 포양호로 모여든다. 시베리아흰두루미는 세계 개체 수의 90% 이상, 재두루미는 약 50%, 개리는 약 60%가 여기에서 월동한다(사진 2-5).

포양호를 특별히 유명하게 만든 것은 시베리아흰두루미이다. 몸길이가 약 140센티미터이고 날개를 편 길이는 2미터가 넘는다. 깃털은 전체적으로 흰색인데 이마와 얼굴은 깃털이 없고 벽돌색이다. 일찍이 유라시아 대륙 북부에 널리 분포하고 있었는데, 난획되고 서식지가 파괴되면서 현재는 세계에 약 3,200~4,000마리 정도만 남아 있는 멸종 위기종이다.

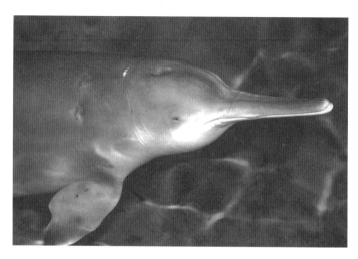

사진 2-6. 양쯔강돌고래

양쯔강돌고래의 개체 수가 감소한 원인 중 하나는 모래 채굴로 보인다.

출처: 위키피디아 ⓒRoland Seitre

포양호에서 물새 보호에 전념하고 있는 국제 학 재단(본부는 미국 위스콘신주)은 모래 채굴로 호수의 수위가 달라지면서 서식 환경이 크게 훼손되었다고 한다. 시베리아흰두루미 등은 호수의 얕은 곳에서 물속의 풀과 물고기를 잡아먹으며 서식하는데, 수심이 변화하고 채굴선이 소음을 내고, 퇴적물이 떠오르면서 새들이 안심하고 먹이를 구할 수가 없게 되었기 때문이다.

포유류 중 멸종이 가장 우려되는 것은 양쯔강돌고래(사진 2-6)이다. 세계에 4개 종밖에 없는 담수산 돌고래 중 하나다. 양쯔강돌고래는 둥팅호와 양쯔강 중류 지역에 서식하고 있었다. 1950년대에는 서식 개체 수가 약 6,000마리로 추정되었는데, 그 후 급속하게 감소했다.

본격적으로 조사를 실시한 1997년에는 13마리를 확인했다. 2006년에는 대규모 조사를 했지만 개체 수를 확인할 수가 없었다. 양쯔강돌고래가 산발적으로 목격된 예는 있지만 정확하게 확인된 바가 없다. 모래 채굴, 어류 난획, 선박 증가, 수질 오염 등이 개체 수 감소의 원인으로 보인다. 특히 산샤 댐 건설로 서식 환경이 크게 바뀐 것이 영향을 미쳤을 것이다.

사슴의 일종인 사불상은 일찍이 중국 북부에서 중앙부에 걸친 습한 땅에서 서식했고, 포양호 일대에서도 수많이 서식했었다. 중국에서는 20세기 초에 모습을 감추었지만 영국의 한 귀족이 수도원 부지에서 키워 멸종하지는 않았다. 생존한 사불상을 번식시켜서, 1985년부터는 중국 각지의 야생으로 되돌려 보낼 만큼 개체수가 늘어났다.

2018년에 포양호의 습지에 47마리를 방목했고, 그 이후로 개체 수가 순조롭게 늘어나고 있다. 일본에서도 다마 동물원 등 4곳에서 사불상을 볼 수가 있다. 2018년에는 장시성 수자원국이 '포양호 생태 환경 특별 규칙에 따른 모래 채굴 규제 실시 계획'을 발표했다. 채굴 규제를 강화했으며 채굴 금지 구역을 확대해서 발표했다. 그러나 효과가 있는지는 명확하지 않다.

중국 정부 상무부는 2007년 3월, 국내에서의 모래 수요 증가와 환경 보호를 이유로 일본에 대한 모래 수출을 크게 규제했다. 그

때까지 일본 국내의 수도 정수 시설에서 사용하는 여과용 모래는 중국산이었다. 이전에는 연간 약 600만 톤을 수입했는데 그 후로 수입량은 반으로 줄었다.

주변 나라들의 모래를 노리는 중국

모래 부족이 심각해진 중국은 해외로 눈을 돌리고 있다. 예전에는 모래를 이웃 나라에 수출해 왔지만 지금은 모래 수입국이 되었다. 미국의 싱크탱크 선진국방연구센터(C4ADS, Center for Advanced Defense Studies)는 2020년 3월, 북한이 중국에 모래를 수출하고 있다는 정보를 공개했다. 2017년 12월 유엔안전보장이사회가 가결한 대북 제재 결의에서 수출 금지 품목에 모래가 더해졌다. 그러므로 모래를 수출하는 것은 결의를 위반하는 것이다.

공개된 위성 사진에는 북한 남부의 해주시 항구에서 중국 깃발을 단 배 279척이 모래를 담고 있는 현장이 찍혀 있다. 유엔의 조사위원회가 4월에 발표한 보고서에 따르면, 북한은 2019년 5월부터 12월 말까지 100만 톤 이상, 돈으로 환산하면 2,200만 달러에 상당하는 모래를 중국으로 수출했다. 한국의 NGO 북한민주화네트워크에서 간행하는 신문『데일리NK』는, 유엔 결의 후에도 북한이 모래를 수차례 중국에 수출해서 외화벌이를 하고 있다고 전했다. 이를 통해 북한의 모래 자원이 얼마나 고갈되었는지를 알 수 있다.

2020년 6월 중국과 대만 사이의 긴장된 상태가 계속되고 있는 대만 해협에서 대만의 연안 경비대 순시선 2척이 바닷모래를 도굴하고 있는 중국의 준설선을 나포하고 10명의 승무원을 가오슝으로 연행하는 사건이 발생했다.

중국 본토의 연안에서는 바닷모래 채굴이 금지되어 더 가까이 있다. 그러나 해협의 남부에 위치한 대만 천퇴(얕게 물에 잠긴 바다-역주)에서는 2만 7,000톤급의 운반선을 동반한 중국 준설선이 빈번하게 출몰해서 바닷모래를 불법으로 채굴해 왔다.

이 해역은 대만과 중국 사이 중간선에서 대만 측에 더 가까이 있다. 고로 대만의 배타적 경제 수역 내에 있는 것이다. 이것을 무시하고 매일 10만 톤에 이르는 바닷모래를 채취하고 있는 것으로 추정된다. 대만 어민들은 바닷모래 채굴로 어장이 피해를 입었으므로 단속해 주기 바란다고 정부에 요청했다.

아랍에미리트연합의 두바이

발전의 속도로 보면, 동쪽에 상하이가 있다면 서쪽에는 두바이가 있다. 자원이나 에너지를 과도하게 소비하는 것을 '악'이라고 한다면 두바이는 바로 악의 화신이다. 아낌없이, 게다가 아무런 거리낌 없이 사막 한가운데에 막대한 콘크리트와 에너지를 쏟아

사진 2-7. 사막 한가운데에 갑자기 출현한 미래 도시 두바이

출처: 위키피디아

붓고 초거대 인공 공간을 만들어내었다(사진 2-7). 모래를 빼앗기고 날로 생활의 위협을 느끼고 있는 사람들에게는 이해할 수 없는 허구의 세상이다.

여기서 자연을 찾는다면, 도시를 둘러싸고 있는 모래사막과 태양과 별이 빛나는 하늘 정도일 것이다. 바다에 나가도 인공 해변과 인공 섬이 있을 뿐이다. 약 450종의 동물을 풀어놓은 야생 생물 보호 구역이나 4억 5,000만 그루의 나무를 자랑하는 미라클 가든도 있지만, 자연과는 너무나 거리가 먼 인공적 공간이다.

가이드북을 펼치면 지겨울 정도로 '세계 최고'라는 단어가 많이 등장한다. 두바이 몰 분수는 폭 275미터, 높이 150미터(빌딩 50층 높이)까지 물을 쏘아 올린다. 다양한 모양으로 내뿜는 물과 빛과 음악의 쇼다. 거대한 인공 호수에서는 보트 투어까지 한다. 여기는 물이 귀하디귀한 모래사막 한가운데다.

두바이 몰은 총면적 111.5만 제곱미터로, 도쿄돔 약 23개와 맞먹는 크기를 자랑하는 세계 최대의 쇼핑센터이다. 레스토랑, 카페, 슈퍼마켓뿐만 아니라 수족관과 22개의 스크린을 갖춘 영화관까지 있다. 점포 수는 약 1,200개에, 연간 찾아오는 손님은 8,000만 명이 넘는다.

두바이 몰의 자랑거리는 아이스링크다. 이 아이스링크는 피겨 스케이트의 공식 경기장으로도 쓰인다. 여기에 함께 지어진 실내 스키장은 인공 눈으로 채워져 있고, 폭 80미터, 길이 400미터나 된다. 실내 스키장으로는 세계 최대이다. 이 모든 것이 세계에서 가장 더운 나라에 마련된 겨울 스포츠 시설이다.

부르즈 알 아랍은 높이 321미터에 VIP 전용 헬기장도 있는 세계 유일의 7성급 호텔이다. 돛단배 모양의 외관이 특징인데 그 독특한 모양 때문에 두바이의 랜드마크이기도 하다.

빌딩 숲을 가로지르는 놀이 기구 두바이 집라인은 길이가 1킬로미터로 세계에서 가장 긴 집라인이다. 와이어를 안전벨트에 장착하고 고층 빌딩 사이를 활공한다. 두바이 지하철은 2개 노선으로 이루어져 있는데, 전체 길이가 75킬로미터로 세계에서 가장 긴 무인 철도이다. 2018년에 완성한 두바이 프레임은 두바이의 구시가지와 신시가지의 정확히 중심에 설치된 초거대 황금 액자이다. 2019년 기네스는 두바이 프레임을 '세계에서 가장 큰 액자'로 인정했다.

이 가운데에서도 압권인 세계 1위는 부르즈 할리파일 것이다. 160층, 828미터로 도쿄 스카이트리의 3배 높이이고, 세계에서 가장 높은 빌딩이다. 전망대에서는 완전히 다른 차원의 세계를 경험할 수 있다. 빌딩이 숲을 이루고 있으며, 아름다운 워터파크가 내려다보인다. 좀 더 멀리 내다보면 사막 지대가 보인다.

그럼에도 두바이는 이것만으로는 만족을 못 하고 1,000미터가 넘는 세계에서 가장 높은 빌딩 두바이 크리크 타워의 건설을 계획

그림 2-3. 두바이 확대도

해안선이 인공적이라는 것이 확연히 보인다.

사진 2-8. 인공 섬 팜 주메이라

별장과 대형 호텔 등이 들어서 있다. 가지 부분은 거주 공간으로 관계자 외에는 들어
갈 수가 없다.

출처: Pexels

하고 있다.

300개가 넘는 인공섬

페르시아만에 떠 있는 야자수 모양(그림 2-3)의 섬 팜 주메이라
는 우주에서도 보인다니 믿을 수는 없지만, 여하튼 세계 최대의
인공 섬이다(사진 2-8). 줄기에서 16개의 가지가 뻗어 나와 고급
주택가를 이룬다. 바깥 둘레 전체의 길이는 11킬로미터이며 초승
달 모양의 방파제로 에워싸여 있다. 부지 면적은 5.7제곱킬로미

터로 축구장 800개분에 상당한다.

이것보다 큰 팜 제벨 알리와 개인 소유의 더 월드를 포함하면 두바이의 인공 섬의 수는 300개가 넘는다. 일반에게 공개된 것은 팜 주메이라 하나이다. 고급 레지던스와 리조트호텔, 레스토랑, 워터파크, 쇼핑몰, 슈퍼마켓 등이 하나의 커다란 마을을 이룬다.

또한 '세계 골프장 탑 100'에 뽑힌 주메이라 골프 에스테이트의 벙커를 비롯해서 두바이의 수많은 골프 코스에는 수입한 모래를 사용한다. 흰 벙커의 모래는 미국 노스캐롤라이나주에서 가지고 온 것이다. 사막의 모래는 너무 보드라워서 골프공이 가라앉아 벙커에서는 사용할 수 없기 때문이다.

아랍에미리트연합은 1991년에 경마장을 개장했고, 20년 만에 아랍에미리트연합의 경마 산업은 중동을 대표하게 되었다. 두바이 메이단 경마장에서는 주요한 상을 건 시합들이 많이 개최된다. 경마장의 주로는 모래 주로인데, 모래는 독일에서 주문했다. 두바이의 모래보다 훨씬 흡수성이 좋아 말이 부담을 덜 느낀다고 한다.

투입된 자원을 보자. 부르즈 할리파 건설에는 76만 톤의 고성능 콘크리트(올림픽 수영 경기장 크기의 풀 132개 분), 3만 9,000톤의 강철, 10만 3,000제곱미터의 유리가 사용되었다. 빌딩을 지탱하는 기초에는 길이 50미터의 파이프를 192개 끼워 넣었으며 11만 톤의 콘크리트를 유입했다. 모래는 오스트레일리아에서 수입한 것이다.

두바이 근해에 팜 주메이라를 조성하기 위해서 3억 8,500만 톤의 모래를 매립했다. 다른 약 300개의 인공 섬까지 합하면 8억 3,500만 톤의 모래가 필요했다. 해변은 폭파해서 채굴한 700만 톤의 바위로 기초를 다지고, 그 위에 해저에서 빨아올린 1억 2,000만 세제곱미터의 모래를 쌓아 올렸다. 이렇게 두바이의 해안선은 약 520킬로미터 길어졌다.

두바이 한 사람당 평균 물 소비량은 연간 약 740세제곱미터로, 세계 평균의 약 1.5배나 된다. 그중 대부분은 해수를 담수화한 것이다. 연간 총 전기 소비량의 약 30%가 해수의 담수화 장치에 사용된다.

중세에서 근대로 - 두바이의 역사

두바이의 역사를 되돌아보면, 마치 알라딘이 마법 램프를 문지른 것처럼 반세기 만에 SF에 등장하는 초현대적 도시를 만들어 내었다. 마치 중세에서 근대로 순식간에 시간 이동을 한 것 같다. 1830년대 아부다비의 수장 나하얀 집안과 같은 집안인 바니야스 부족의 막툼가(家)가 아부다비로부터 이 땅에 이주해서 두바이 수장국을 건국했다.

두바이는 일찍이 페르시아만에 면한 작은 어촌에 지나지 않았다. 석유 발견 이전의 페르시아만 일대는 고품질의 천연 진주 산지였는데, 20세기 초 미키모토 고키치(御木本幸吉)가 진주 양식에 성공하면서 경쟁력을 잃고 쇠퇴했다.

1853년에 두바이는 여러 수장국과 동시에 영국의 보호국이 되었다. 영국은 두바이를 다른 식민지와 연결하는 중계지로 삼았는데, 20세기에 들어서자 두바이는 무역항으로 발전했다. 1966년에는 두바이 난바다에서 해저 석유가 발견되었다. 제2차 세계대전 후 1958년 아부다비에서 석유가 발견된 이후로 중동에서 석유가 발견된 것은 두 번째였다. 이것으로 막대한 오일 머니를 벌어들였다. 석유 이권을 가진 왕족 사이에서 잇따라 석유왕이 탄생했다.

1971년 영국군이 수에즈의 동쪽에서 철수하자, 두바이는 다른 6개 수장국과 함께 아부다비를 수도로 하는 아랍에미리트연합(UAE)을 결성했다. 아랍에미리트연합의 수상이 된 라시드는 원유에 의존하는 경제 구조에서 벗어나 산업의 다각화를 추진했다. 1985년에 개설한 경제 특구와 대형 항만, 에미리트 항공 취항으로 외국의 자본과 기업이 진출해서 급속하게 발전하기 시작했다.

특히 2003년 이후에는 눈부신 발전을 이어갔다. 지금은 중동을 대표하는 도시 국가가 되었고, 여러 중동 국가들의 교류 거점이자 중동의 금융 센터로서의 지위를 군혔다.

두바이 인구는 1980년 당시 28만 명에 미치지 못했다. 그러나 2009년부터 2018년까지 10년 사이에 약 177만 명에서 319만 명으로 1.8배 증가했다. 건설 러시로 해외에서 수많은 노동자들이 두바이로 유입되는 등 외국인 인구가 대폭 증가했기 때문이다.

자국민의 비율은 두바이 인구의 8%에 불과하고, 외국인이 인구의 90% 이상을 차지한다. 외국인 중 약 75%가 인도, 파키스탄, 방글라데시 등 남아시아에서 돈을 벌기 위해서 온 노동자들이다. 열악한 환경에서 저임금으로 일을 하는 외국인 노동자가 이 나라의 경제를 지탱하고 있다고 할 수 있다. 장기간 체재해도 영주권이나 시민권은 주어지지 않아, 국제 사회에서 '현대판 노예 제도'라는 비판을 받고 있다.

팽창하는 자카르타

급격하게 발전하는 개발도상국의 도시에서는 토지가 부족하면 매립해서 용지를 확대하는 일이 붐을 이루고 있다. 중국, 인도, 미국에 이어서 세계에서 4번째의 인구 대국이 된 인도네시아에서도 대규모 매립지를 둘러싸고 알력이 발생하고 있다.

"2005년 이후, 모래 채굴로 인도네시아에서는 작은 섬이 두 다스는 사라졌다."

이것은 2016년 6월 23일 『뉴욕 타임스*The New York Times*』에 실린 글이다. 저널리스트 빈스 베이저가 기고한 「세계의 모래가 사라진다」는 제목의 칼럼 속 한 구절이다. 이전부터 모래 자원에 관심이 많았던 나는 이 칼럼을 읽고 충격을 받았다.

사진 2-9. 고층 빌딩이 들어선 자카르타 중심가
출처: 위키피디아

 인도네시아 정부는 이 기사에 반응해 한 장관이 담화를 발표했다. "인도네시아의 섬은 모두 1만 7,504개였는데 1만 7,480개로 줄었다." 또한 지구 온난화를 경고하는 과학자 그룹은 "지구 온난화에 따른 해수면 상승으로 인도네시아에서는 2030년까지 적어도 2,000개의 섬을 잃을 것이다"라는 논평을 남겼다.

 이 칼럼을 계기로 마치 둑을 튼 것처럼, 세계 각지에서 모래 채굴을 둘러싼 환경 파괴, 정치적 대립, 나라들 사이의 반목, 마피아의 암약이 알려지기 시작했다.

 나는 사라져 가는 섬들의 현장을 보기 위해서 인도네시아의 수도 자카르타로 날아갔다. 자카르타는 지난 반세기 동안 시간을 두고 몇 번이고 방문한 도시 중에서, 상하이나 싱가포르와 더불어 가장 극적인 변화를 보여준 도시 중 하나다.

 2018년, 인도네시아 인구 2억 6,700만 명 중 55%가 도시에 산다. 자카르타의 인구는 약 1,050만 명. 그 주변의 인구까지 포함하면 3,200만 명이 넘는다. 일본의 수도권 다음으로 세계에서 인구가 많은 도시권이다.

국제 NPO 고층 빌딩·도시 거주 협의회가 2019년 말에 발표한 '100미터보다 높은 빌딩 리스트'에 따르면, 자카르타 시내에 165개의 빌딩이 존재한다. 중심가에는 고층 빌딩이 숲을 이루고 있다 (사진 2-9). 높이 638미터, 111층인 시그니처 타워도 건설 중이다. 완성되면 세계에서 다섯 번째로 높은 빌딩이 된다.

한편 자카르타도 대도시의 숙명에서 벗어날 수는 없다. 교통 체증이 심각하다. 영국의 어느 통계 관련 회사가 운전사가 브레이크를 밟는 횟수에서 교통 정체 정도를 추정해 보니, 세계 최악이라는 결과가 나왔다. 대기 오염도 때로는 세계 최악이라는 결과가 나온다.

섬이 사라져 간다

모래 채굴을 반대하는 NGO 어업의 정의를 위한 시민 연합(KIARA, Koalish Rakyat untuk Kedilan Perikanan) 본부를 방문했다. 이 단체는 2002년 설립된 이래 연안 지역과 작은 섬의 어민 조직을 지원하고, 관습법에 바탕을 둔 어업권과 해양 환경 보호 운동을 전개해 왔다.

부회장인 자카르타의 파리드 리드와누딘(파라마디나 대학교 강사)

그림 2-4. 자카르타 난바다에 있는 파리섬

은 모래 채굴 반대 활동의 선두 주자로 알려져 있다. 특히 정부가 자카르타의 인구 과밀과 지반 침하에 대한 대책으로 자카르타만을 매립해서 인공 섬을 만들겠다는 계획을 진행했을 당시, 공사를 중단하게끔 유도한 사람으로도 유명하다.

2004년에 인공 섬 계획 기공식이 치러졌고, 총 면적 약 4,000헥타르에 이르는 17개의 인공 섬 조성이 시작되었다. 400억 달러를 투자해서 공항, 항만, 주택지, 공업 지대, 폐기물 처리장 등을 건설하는 큰 프로젝트였다.

매립에 필요한 막대한 모래는 자카르타만 근교에 흩어져 있는 풀라우 스리부 군도에서 채굴했다. 파리섬은 그 섬들 중 하나다

(그림 2-4). 풀라우는 '섬', 스리부는 '1,000'을 의미한다. '천 개의 섬'이라고 불릴 정도로 섬이 많은데, 실제로는 342개의 크고 작은 섬으로 이루어져 있다. 특히 산호초가 발달해서 풀라우 스리부 국립 해양 공원으로 지정되었다.

어장을 잃은 어민 단체와 환경 단체가 매립 공사에 반대하기 시작했다. 그 중심이 된 것이 KIARA와 인도네시아 생활 환경 포럼(WALHI, WAhana Lingkungan Hidup Indonesia)이다. 이들은 현장에서 반대 집회를 가졌고 법정 투쟁으로 이어갔다. 그러나 최고재판소는 이들의 소송을 기각했다.

2016년 초, 인도네시아 환경청은 환경 악화를 이유로 매립 공사 중지를 명했지만, 개발 측의 압력으로 공사가 이듬해 재개되었다. 그런데 매립 공사와 관련이 있는 주의회의 의원이 업자로부터 뇌물을 받았다는 사실이 드러났다. 이것을 계기로 다시 반대 운동이 고조되었고, 공사가 이미 진행된 4개의 섬을 제외하고 인공 섬 계획은 2018년에 중지되었다.

리드와누딘은 "이것이 파리섬 해안의 일부"라면서 사진을 보여 주었다(사진 2-10). 파리는 풀라우 스리부 군도 중 가장 큰 섬인데, 가라앉지는 않았지만 이미 대량의 모래를 도둑맞았다. 사진에서는 돌 구조물 같은 것이 해면에 얼굴을 내밀고 있다.

"여기는 해안에서 50미터 정도 안으로 들어온 내륙의 묘지였습니다. 바다에서 얼굴을 내밀고 있는 묘석은, 주변의 모래를 퍼나간 결과 수몰된 겁니다."

사진 2-10. 모래 채굴의 영향이 현저한 파리섬의 모래사장

내륙에 있었던 묘석이 해수면 위로 드러나 있다.

출처: 파리드 리드와누딘 촬영

    파리섬은 자카르타항에서 약 40킬로미터, 스피드보트로 한 시간도 걸리지 않는다. 배는 산호초 위에 모래가 쌓여서 야자 숲을 이룬 섬 사이를 뚫고 지나간다. 반대 운동으로 채굴이 도중에 중단된 작은 섬들이다.

    파리섬은 동서로 길이 약 3킬로미터, 면적 15제곱킬로미터인 가늘고 긴 산호초 섬이다. 모래가 채굴된 문제의 해변은 북동부의 버진 샌드 비치였다. 이곳은 자카르타에 가까운 관광지로서도 인기가 많았다. 해변을 둘러보니 모래가 없어서 딱딱한 층이 바닥을 드러내고 있었다. 해변 군데군데에는 바닷물이 괴어서 연못과 같은 모양을 만들었고, 자연스럽지 않은 해안선을 그리고 있었다.

또한 섬 안쪽에는 숲과 논 가운데 거대한 사발 모양의 구멍이 뚫려 있었다. 모래를 채굴한 흔적이었다. 바위가 공공연히 드러난 살벌한 광경이다. 여기 모래는 품질이 좋아서 고가였으며 1980년대 이후 대량의 모래가 싱가포르 등지로 팔려나갔는데, 2007년에 수출이 금지되었다.

대를 이어서 자카르타 시내에서 개발 붐이 일어났고, 모래의 수요가 급속하게 증가해서 불법 채굴이 횡행했다. 리드와누딘은 "수출을 막는 것으로 모래를 지킬 수 있다고 생각했는데, 이제는 국내용 모래 채굴이 증가해서 해안 파괴는 멈추지 않는다"라고 했다.

섬에는 100세대 정도의 어민이 살고 있다. 이전에는 새우와 게 등 비싸게 팔리는 어패류가 잡혔지만, 모래사장이 사라지고 연안의 환경이 바뀌자 모두 모습을 감추었다. 어부들은 이제 섬을 둘러싼 환초 바깥의 험한 바다로 나갈 수밖에 없게 되었고, 그에 따라 조난 사고가 증가했다. 모래 채굴 전에는 한 달 어획량이 3~5톤이었는데, 최근에는 30~50% 감소했다고 한다.

2019년 2월, 순찰 중이었던 연안 경비대가 대형선에 설치한 펌프로 모래를 빨아들여 불법으로 가지고 나가려고 하는 일당을 체포했다. 그러나 단속의 효과는 없었다. 높은 직책의 감시자들이 뇌물을 받고 불법 모래 채굴을 눈감아주고 있다는 말이 들린다.

모래를 싣고 간 곳 중 하나는 인도네시아 최대의 관광지인 발리 섬이다. 이 지역의 기업이 섬의 북쪽 끝에 새 공항 '북발리 국제공항' 건설을 진행했기 때문이다. 신공항 부지 1,060헥타르 중 264헥타르는 해안을 매립해서 조성한다.

인도네시아 중부에 위치한 술라웨시셀라탄주의 주정부는 주도(州都) 마카사르의 난바다에 인공 섬 5개를 건설하고 있다. 술라웨시셀라탄주는 나라의 평균을 웃도는 경제 성장을 하고 있다. 그런데 토지가 부족해지자 인공 섬을 조성해서 주 정부 청사만이 아니라 비즈니스 센터, 병원, 대학 등을 유치하는 '센터 포인트 오브 인도네시아 계획'을 시작했다. 2015년에는 약 1,400헥타르의 인공 섬이 만들어질 예정이다.

매립용 모래는 가까운 상카란 제도 부근의 해저에서 채굴했다. 2020년 2월에 채굴이 시작되자, 곧바로 제도 주변의 해역이 혼탁해졌고 어획량이 3분의 2로 떨어졌다. 지역의 어부들은 반대 운동을 시작했고 주지사의 관사에까지 뛰어들어가 시위를 했다. 여기에 환경 보호 단체와 시민도 지원을 더했다.

매립을 위해서는 약 2,200만 세제곱미터의 모래가 필요하다. 어장을 잃은 어민들은 모래 준설선을 빼앗는 등 저항을 하고 재판과 투쟁을 이어갔다. 그럼에도 공사는 진행되고 있다. 완공되면 157헥타르의 신도시가 만들어진다. 이 중 106헥타르가 매립지다. 2021년 완성을 목표로 한다(2023년 현재 센터 포인트 오브 인도네시아 계획은 여전히 진행 중이다.-역주).

활동가 암살 미수

1980년에 창설된 인도네시아 생활 환경 포럼(WALHI)의 본부는 주택가에 있는 빌딩이었다. 이 단체는 인도네시아에서 가장 오래되고 가장 큰 NGO이다. 인도네시아 국내 27주에 지부가 있고, 모래 채굴을 비롯해서 연안의 환경 보호와 삼림 벌채 반대 등 폭넓은 문제를 다루고 있다.

WALHI의 캠페인 매니저 드와이 사웅은 "환경 문제만이 아니라 사회 변혁, 인권 보호, 지속 가능성 등의 문제를 함께 다루고 있다"고 했다. 특히 모래 채굴 문제는 거대한 이익이 얽혀 있어서 활동가가 위험에 노출되는 일이 많아졌다고도 했다.

서(西) 누사틍가라 지부의 지부장인 물다니는 2019년 1월 심야에 누군가가 자택에 불을 질러 죽을 뻔했다. 그는 롬복섬에서의 모래 채굴에 대해서 항의하는 행동의 선두 주자로 개발 측의 표적이 되었다. 이 섬의 모래는 인기 관광지인 발리섬에 있는 베노아 항구로 운반되어 해변을 확대하는 데 사용될 예정이었다. 경찰은 습격의 배후에 모래 채굴업자가 있다고 의심했다.

2019년 10월 WALHI의 활동가 골프리드 시레가르가 수마트라섬 메단 시내의 길바닥에 쓰러져 있는 것이 발견되었다. 그는 병원으로 옮겨졌지만 3일 만에 사망했다. 경찰은 이 사건을 교통사고로 처리했다. 두부에 타박상이 있었으므로 WALHI는 살인 사건으로 조사해야 한다고 경찰에 제의했지만 받아들여지지 않았다.

그는 중국 자본의 댐 건설 계획이 심각한 환경 파괴를 초래한다고 정부를 추궁했었다.

이와 같은 사건 외에도, 2015년에는 동(東)자와주 루마잔에서 모래 채굴 반대 운동을 조직한 농민 살림 칸실이 살해되었다. 2017년에는 인도네시아 최강의 조사 기관 부패 박멸 위원회(KPK, Komisi Pemberantasan Korupsi)의 조사관이 습격을 받고 크게 다쳤다.

아시아에서 해안이 침식되고 있다

모래가 채굴되면서 북미, 지중해, 서아프리카 등 전 세계의 해안에서 환경이 악화되고 있다. 아시아에서도 인도네시아에 한정되지 않고, 모래 채굴은 각지에 심각한 영향을 미치고 있다.

2004년 12월, 수마트라섬 서부 해안으로부터 40킬로미터 지점에서 매그니튜드 9.3(관동 대지진의 120배 이상의 규모)의 거대한 지진이 발생했다.

지진이 일어난 후 평균 높이 10미터, 지형에 따라서는 40미터가 넘는 초대형 쓰나미가 인도양 연안을 몇 번이나 덮쳤다. 인도양에 면한 14개 국에서 사망자와 행방불명자가 모두 22만 7,898명에 이르렀고, 피해자는 500만 명에 달했다. 마침 크리스마스 휴가철이어서 국외에서 찾아온 관광객도 많았다. 일본인은 40명이 사망했고 2명이 행방불명되었다.

스리랑카의 사망자는 3만 5,322명으로, 인도네시아 다음으로 많은 사람이 죽었다. 쓰나미는 해안 지대의 마을을 송두리째 삼켰고, 달리는 열차를 넘어뜨렸다. 스리랑카에서는 과거에 경험해 보지 못한 재해였으므로 정부는 국가 비상사태 선언을 발령했다.

스리랑카의 연안 침식은 1990년대부터 두드러졌다. 특히 해안의 맹그로브 숲은 해안 지대 개발, 땔나무 벌채, 새우 양식지 조성 등으로 광대한 면적이 벌채되었다. 맹그로브 숲의 면적은 1986년 당시 약 1만 2,000헥타르였던 것으로 추정된다. 이것이 1993년에는 8,687헥타르로 감소했고, 현재는 6,000헥타르 이하이다.

쓰나미 이후 유엔 기관과 각국의 지진·쓰나미 연구자들이 조사를 시작했다. 그 결과 맹그로브 숲이 남아 있던 해안에서는 쓰나미의 피해가 적었다는 보고가 계속해서 발표되었다. 맹그로브 숲은 해안을 따라 빽빽하게 뿌리를 내려서 폭풍 해일을 약화시키고 해안선의 침식을 막고 있었다.

지역마다 '커뮤니티 맹그로브 보존 협동조합'이 조직되었고, 맹그로브 숲의 식림·보호 활동을 진행하고 있다. 일본의 NGO를 비롯해서 국내외 단체들이 맹그로브 식림에 지원을 아끼지 않는다.

스리랑카의 도시들에서는 주택과 오피스 등의 건설 투자가 확대되어 갔다. 이와 더불어 쓰나미 피해 재건을 위해서 모래 수요가 비약적으로 증대했다. 모래의 소비량이 쓰나미 이전에는 연 약 800만 세제곱미터였는데, 쓰나미 후에는 7,000만 세제곱미터 이상으로 급상승했다.

스리랑카는 103개의 하천 유역으로 구성되어 있고, 해안에는 개펄이 이어져서 모래의 보고이기도 하다. 특히 양질의 강모래가 풍부하다. 이 가운데 스리랑카 남부의 주요 하천인 칼루강, 닐왈라강, 긴강 3개 하천에서는 채굴업자가 대형 토목 기계를 들고 들어와 채굴을 계속하고 있으며, 강가와 강바닥만이 아니라 주변의 농지까지 파헤쳤다.

닐왈라강에서의 모래 채굴은 쓰나미 이후 3배로 증가했다. 모래를 빼앗긴 하구 부근에서는 지하수의 수위가 5~10미터나 내려갔다. 강가의 자연 제방이 무너졌고, 우물에 바닷물이 섞이게 되었다. 또한 논에 바닷물이 침입해서 물벼에도 영향을 미쳤다.

컬럼비아 대학교 등의 조사에 따르면, 35개 강에서 불법 채굴이 이루어지고 있었다. 2005년에는 강모래의 불법 채굴을 반대하는 시민 조직이 결성되었고, 운동을 개시했다. 스리랑카 정부는 2006년에 환경과 천연자원을 보호하는 '국가환경법'을 제정하고, 특정 하천의 모래 채굴과 운반을 엄격하게 규제했다. 그러나 환경정의 센터(CEJ, The Centre for Equality and Justice) 등의 NGO에서는, "아직도 태연자약하게 불법 채굴이 이어지고 있다"면서 스리랑카 정부에 감시를 강화할 것을 요구한다.

투발루

푸나푸티 환초

풍가팔레섬

푸나푸티

푸나푸티 국제공항

솔로몬 제도

투발루

바누아투 피지

오스트레일리아

뉴질랜드

그림 2-5. 투발루

가라앉고 있는 국가

지구 온난화에 따른 해수면 상승을 논할 때 반드시 등장하는 나라가 투발루이다. 투발루는 뉴질랜드와 하와이 중간에 위치한 군도이다(그림 2-5). 내가 투발루를 방문한 것은 10여 년 전의 일이다. 피지에서 일주일에 2편밖에 없는 피지항공을 타고 약 두 시간을 날아 남태평양 에리스 제도에 위치한 투발루에 도착했다. 하늘에서 내려다보니, 깊은 군청색 바다에 섬들이 흰 자갈처럼 깔려 있었다.

투발루는 9개의 고리 모양의 산호초로 이루어져 있는데, 총면 적은 약 26제곱킬로미터로 도쿄의 시나가와구(면적 22.84제곱킬로 미터)보다 조금 크다. 세계에서 4번째로 작은 국가다. 중심은 약 3 제곱킬로미터의 푸나푸티 환초다. 약 30개의 산호로 이루어진 섬 이 고리 모양을 이루며 염주처럼 이어져 있다.

이 가운데 가장 큰 섬이 퐁가팔레섬이다. 여기에 수도 푸나푸 티가 있다. 공항, 정부 청사, 경찰청 등의 기관이 집중되어 있다. 국토 면적은 26제곱킬로미터로, 투발루 전 인구 1만 1,000명 중 60%가 푸나푸티에 살고 있다.

작고 아담한 단층 건물인 국제공항 건물을 나섰을 때 가장 먼저 놀란 것은 한국산 오토바이가 많다는 것이었다. 자동차도 생각보 다 많았다. 섬의 북단에서 남단까지 길이가 약 15킬로미터인 길 이 하나 있는데. 오토바이로 달리면 20분도 걸리지 않는다. 자전 거라면 몰라도, 이산화탄소 증가에 따른 해수면 상승을 세계에 호 소하고 있는 이 작은 나라에 이렇게 많은 오토바이가 과연 필요한 것일까.

도로 여기저기에는 커다란 쓰레기 산이 만들어져 있었다. 빈 깡 통, 유리병과 페트병, 플라스틱제 물건들, 일본제 인스턴트 식품 의 봉지, 골판지 등도 많다. 대부분의 일용품을 수입에 의존하는 데 폐기물을 처리할 시스템이 없기 때문이다.

투발루에서는 2~3월 밀물 수위가 가장 높을 때, 해수면이 상승해서 섬 여기저기서 물이 분출한다. 저습지와 민가가 침수되고, 도로와 밭이 침수 피해를 입는다. 특히 사이클론이 접근하면 큰 피해를 입는다. 2015년에는 초강력 사이클론 '팸'이 오세아니아 남쪽의 여러 나라들을 강타해서 막대한 피해를 입혔다.

투발루에서도 당시 인구의 반에 해당하는 4,613명이 재해를 입었고, 가옥이 무너지는 등의 피해가 있었다. 빗물에 의지하는 섬에서는 각 가정에 설치된 빗물 탱크가 생명줄이다. 이것이 파도로 무너져 물이 매우 부족해졌다. 투발루 국민들은 지구 온난화로 사이클론이 커진 것이 원인이라고 했으며, 지구 온난화에 대한 관심이 높아졌다.

이후 투발루에서는 이전보다 더 열심히 지구 온난화 외교에 힘을 쏟았다. 지구 온난화에 따른 해수면 상승이 피해를 확대했다고 전 세계를 향해서 주장했다. 지구 온난화 대책을 위한 파리 기후변화 협약의 조약 교섭에서, 온난화에 보다 취약한 나라의 대표로서 큰 역할을 했다. 투발루의 역대 수상은 "선진국이 화석 연료를 낭비해서 번영을 이루고 있는 배후에는 섬나라의 희생이 있다"라고 역설했다.

이런 주장이 공감을 불러일으켰으며, 지구 온난화 대책을 명목으로 전 세계로부터 많은 원조를 받았다. 그 결과, 2002년 국민 한 사람당 GDP가 2,620달러였는데, 2016년에는 3,640달러, 2019년에는 4,280달러에 이르렀다.

투발루의 국가 재정을 지탱하는 것은 해외로부터의 원조와 해외에서 벌이를 한 친인척이 보내는 돈이다. 일본도 무상 자금 협력과 기술 지원을 합해서 누계 약 132억 엔을 공여했다. 그중에는 바닷물의 담수화 장치, 항만 시설, 어선, 병원 등이 포함되어 있다.

투발루는 수입을 늘리기 위해서 눈물겨운 노력을 계속해 왔다. 육지 면적은 좁지만 배타적 경제 수역은 75만 제곱킬로미터에 이른다. 크기로는 세계 38위다. 일본에 수입되는 참치, 가다랑어의 중요 어장으로, 여기서 얻을 수 있는 돈도 큰 수입원이다. 기념 우표 사업도 유명하다. 영국 왕실뿐만 아니라 일본 황실, 역대 미국 대통령, 유명 스포츠 선수 등 어떤 것도 우표로 만들어서 세계에 팔고 있다.

이뿐만 아니라 생각지도 못한 수입 수단이 있다. 나라 이름이 영문으로 'Tuvalu'이므로 웹사이트와 메일 주소에 사용되는 도메인이 '.tv'이다. 일본은 '.jp', 한국은 '.kr', 미국은 '.us'이다. 도메인은 등록업자가 나라뿐만 아니라 기업 등에도 판매할 수 있다.

TV라고 하면 전 세계에서 텔레비전의 약자로 통용된다. 이에 인터넷 회사가 주목했다. 최종적으로 미국 기업이 '.tv'를 10년간 총액 5,000만 달러를 지불하고 독점적으로 등록하는 권리를 투발루로부터 매입했다. 실제로 일본 방송국을 비롯해서 각국에서 이 도메인을 이용하고 있다. 투발루는 이 도메인의 사용권을 매각해서 얻은 수입으로 유엔과 영연방에 가맹할 수 있었다.

해수면 상승으로 나라가 가라앉는다?

투발루가 미디어에 등장할 때는 항상 "해수면 상승으로 가라앉는 나라"라는 수식어가 따라붙는다. 사이클론 때는 그들을 '환경 난민', '기후 변동 난민'이라고 보도했다.

전 미국 부통령 앨 고어는 2006년에 『불편한 진실An Inconvenient Truth』을 출간하고, 이후 영화로도 만들어서 아카데미 시상식에서 장편 다큐멘터리상을 수상했다. 그는 저서와 영화에서 '가라앉고 있는 투발루'를 지구 온난화의 희생자로 다루었다. 고어는 "이대로 온난화가 진행되면 해수면은 장차 6미터나 상승한다"고 주장했다.

이산화탄소 증가를 감시하는 미국 국립 해양대기청(NOAA, National Oceanic and Atmospheric Administration)도 해수면 상승으로 가장 먼저 피해를 입을 것으로 예상되는 섬나라를 '지구 온난화의 희생자'로 뽑았다. 투발루는 일약 지구 온난화 반대의 '상징'이 되었다. 세계 각국의 수많은 미디어와 정치가, 연예인이 섬으로 찾아와서 "투발루를 구하자!"고 합창을 했다. 해수면 상승에 대해서 의심을 품는 사람은, 환경 보호 단체로부터 '반환경 제국주의자'라는 비난의 대상이 되었다.

그런데 과연 진실은 어떠한가. 섬에 하나밖에 없는 호텔의 매니저에게 물어보니, 만실이 되는 것은 조수 현상으로 해수면이 가장 높은 대조(大潮) 때만이라고 했다. 이때 섬의 여러 곳에서 물이 분출하므로 미국과 유럽의 방송국이 이 장면을 찍기 위해서 찾아온다.

사실 내가 이 섬을 방문한 것도 해수면 상승으로 투발루가 위기에 빠졌다고 믿고 있었기 때문이다. 그런데 일본이나 다른 태평양의 섬들에서는 해수면이 크게 상승하지 않았다. 왜 투발루에서만 섬이 가라앉는다고 할까, 이제는 의문을 가질 수밖에 없다.

당시 수상이었던 이엘레미아를 만나서 인터뷰를 했을 때, 그는 "내가 어릴 때와 비교해서 해수면이 30~50센티미터 상승했다. 한사리(음력 보름과 그믐 무렵에 밀물이 가장 높은 때-역주) 때는 마을이 물에 잠긴다"고 했다. 또한 일본이 어떤 원조를 해줄 수 있는지 끊임없이 질문을 했다.

그 외에도 환경부 장관과 국회의원 등 섬의 많은 사람들과 인터뷰를 했다. 장관이 고무 샌들에 알로하셔츠를 입고 나타나서 깜짝 놀랐다. "이 나라는 얼마 가지 않아서 수몰할 것이다"라고 말하는 사람과 "전혀 변함이 없다"는 사람까지 답변은 다양했다.

이것은 2007년부터 투발루 지원 활동을 이어가고 있는 NPO 법인 투발루 오버 뷰의 가와지리 교코(河尻京子)가 아사히신문사가 발행하는 잡지 『논좌(論座)』에 기고한 「온난화로 가라앉는 나라 – 투발루의 현실」이라는 제목의 글과 겹쳐지는 내용이다. 그녀는 투발루에서 지구 온난화와 해수면 상승에 대해 300명 정도의 섬 사람과 인터뷰를 했다. 그 결과 "어부들은 어릴 때에 비해 해수면이 상승했다고 느끼고 있지만 다른 사람들은 뉴스를 통해서 들은 이야기로 인식하고 있었다"라고 말했다.

기후 변화에 관한 정부 간 협의체(IPCC, Intergovernmental Panel on Climate Change)는 1977년 이후 투발루의 수도 푸나푸티의 해수면이 연평균 3.9밀리미터 상승하고 있다고 발표했다. 섬에서 가장 높은 표고는 해발 4.6미터밖에 되지 않는다. 매년 약 4밀리미터 상승하면 100년 후 해수면의 수위는 40센티미터 상승해서, 투발루에는 사람이 살 수 없게 된다. 명백하게 심각한 사태다.

그런데 해수면은 조석, 바람, 대기압, 국소적 중력의 차이, 온도, 염분의 농도 등의 영향을 받고 항상 변하고 있으니 결코 수평이 아니다. 그러므로 해수면 상승을 0.1밀리미터 단위로 확인하는 것은 상당히 어렵다. 장래 예측을 포함해서 다양한 해수면 상승의 숫자가 발표되고 있어서 혼란스럽다.

누가 모래를 가져갔을까

투발루 환경청에서 취재를 할 때, 기상국에 젊은 연구자가 있다는 말을 듣고 찾아갔다. 그는 피지 대학교를 졸업하고 투발루로 돌아왔다고 한다. 그는 1990년대 초부터 남태평양 일대의 여러 섬에서 밀물과 썰물을 관측해 온 오스트레일리아 국립조석센터(NTC, National Tidal Center)의 데이터를 인용하면서 "태평양에서 과거 10년간 측정한 결과, 투발루에서 해수면 상승이 진행되고 있다는 증거는 전혀 보이지 않는다"는 의외의 이야기를 시작했다.

만조 때 피해가 특별히 컸던 것은 두 가지 원인 때문이라고 했다. 그를 따라서 부근 해안으로 나가보니, 산호초 섬에는 반드시 있어야 하는 모래사장이 전혀 없었다. 바닷가에는 바위와 돌이 특히 많았다.

그는 "건물과 도로 건설을 위해서 모래를 가져가 버렸다"고 말했다. 또 하나의 이유는 해안 침식에 따른 토양 유출이라고 했다.

섬의 전통 가옥은 야자나무를 기둥으로 하고 야자나무의 이파리로 지붕을 이었다. 그런데 인구와 수입이 증가하자 가옥이 늘고 기둥이 부족해져서 콘크리트 건물로 대체하기 시작했다. 시멘트는 피지에서 수입하지만 모래는 이 지역에서 채굴한다. 수상이 아무리 모래사장의 모래 채굴을 금지한다고 해도 효과가 없다.

1978년 독립 후 투발루의 인구는 계속 늘어났다. 남태평양 지역을 연구하는 고바야시 이즈미(小林泉, 오사카 가쿠인 대학교 교수)에 따르면, 19세기 말 푸나푸티 환초에 사는 사람은 200명 정도였다. 독립 전인 1973년의 인구 조사에서도 871명에 지나지 않았다. 그런데 독립 5년 후 2,620명으로 급증했다. 2018년에는 1만 1,000명(세계은행)이 되었다. 이 작은 섬나라에서 인구 폭발이 일어난 것이다.

고바야시는 말한다.

"이 좁은 땅에서 인구가 급격히 증가하면 어떻게 될까? 이제까지는 주거지로 적합하지 않았던 해안 끝의 모래땅, 또한 물이 분출하는 구멍의 바로 옆에도 집을 지을 수밖에 없다. 의회, 행정청,

경찰서, 소방서 등의 행정 관련 시설, 학교와 병원 등도 건설해야 한다. 이것만으로도 엄청난 무게다. 섬은 지금이라도 가라앉을 것만 같다."

인구가 급증한 이유 중 하나는, 투발루 북서쪽에 위치한 나우루 공화국에 돈벌이하러 간 투발루섬 사람들이 되돌아왔기 때문이다.

나우루는 세계에서 손꼽히는 구아노 산출국이었다. 구아노는 바닷새의 똥이나 사체가 퇴적한 것으로, 인광석이 발견되기 전까지는 비료 등의 원료였다. 그래서 나우루는 높은 국민 소득을 자랑했고, 이웃 나라로부터 돈벌이를 위해 노동자들이 모여들었다.

그런데 1990년대 중반 구아노는 자원 고갈로 생산이 급감했다. 2000년경부터 나우루에서는 외국인 노동자를 해고했고 귀국하게끔 했다. 투발루에는 약 1,000명이 귀국했다.

이미 섬의 수용력은 한계에 다다랐다. 귀국자들은 이주할 곳을 찾을 수밖에 없었다. 투발루는 인근 국가들에 '환경 난민'을 받아달라고 요청했다. 이에 뉴질랜드와 피지는 난민 수용을 결정했지만 오스트레일리아는 거부했다. 고바야시는 "이 시기에 수몰 위기를 국제적으로 어필한 것은 정치적 의미가 있었기 때문이다. 고의로 지구 온난화 문제와 연결시켰다"고 봤다.

투발루는 커져가고 있다

태평양 전쟁이 섬의 운명을 크게 바꾸었다. 일본군은 진주만 공격의 여세를 몰아 가까운 길버트 제도(현 키리바시 공화국)까지 진군했다. 미군은 이에 대항해 1942년에 1,088명의 해병대를 푸나푸티 환초에 상륙시키고, 습지를 매립해서 단 5주 만에 전투기가 이착륙할 수 있는 약 1,500미터의 활주로를 완성했다. 이 건조물 때문에 섬의 자연은 크게 바뀌었다. 일찍이 우물을 파면 담수가 나왔는데, 활주로 건설로 지하 수맥이 끊어져서 섬사람들은 빗물에 의지해서 살게 되었다.

활주로를 포장하는 콘크리트 때문에 대량의 모래가 필요해 퐁퐁가팔레섬 여러 곳에서 모래를 채굴했다. 그때 만들어진 모래 채굴 구멍이 현재 웅덩이가 되었고, 쓰레기장이 되어서 남아 있다.

구멍은 바다와 직결되어서 한사리 때는 이 구멍을 통해서 바닷물이 분출한다. 활주로 주변은 원래 낮고 움푹 팬 땅으로 표고가 1미터 정도다. 한사리 때 해수면은 최대 1.2미터 상승하기 때문에 채굴 구멍에서 바닷물이 뿜어져 나온다.

산호초 연구자 가야네 하지메 도쿄대 이학계연구과 교수는 다른 전문 연구자들과 팀을 이루어 푸나푸티 환초 등에서 현지 조사를 거듭해 왔다. 그 결과 "해수 분출과 해안 침식의 원인은 다르다. (지구 온난화) 현상의 하나로 해면이 상승한다고 해도, 그 영향은 미미하다"고 논문 속에서 명백하게 밝혔다.

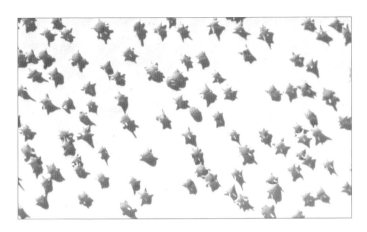

사진 2-11. 별모래

출처: Getty Images

가야네는 "해수면 상승보다 오히려 인간 활동에 따른 환경 오염이 문제"라면서 위기감을 표했다. 그 위기 중 하나가 유공충 감소다. 남쪽 바다의 흰 모래는 대부분 유공충의 껍데기로 형성되어 있다. 유공충은 석회질 껍데기를 가진 몸길이 수십 미크론(머리카락 굵기 정도)에서 수 밀리미터 정도의 단세포 원생생물이다. 1년에 수백으로 분열해서 늘어난다. 유공충에는 여러 모양이 있는데 '별모래'도 그중 하나다(사진 2-11).

그런데 푸나푸티 환초에서는 육상으로부터 유입되는 물 때문에 수질이 오염되었고 유공충의 수가 격감했다. 가야네는 "해수면 상승보다 오히려 유공충의 감소야말로 해안 침식을 심각하게 만드는 주원인이다"라고 했다. 바람, 파도, 해류에 의해 해안은 계속 침식되지만, 한편으로는 유공충이 흰 모래를 보충한다.

최근 기후 변동에 따른 해수면 상승을 부정하는 실증 데이터가 연달아 발표되었다. 따라서 온난화 → 해면 상승 → 수몰이라는 도식만으로는 이 상황을 설명할 수 없게 되었다.

그중 하나가 투발루의 국토 면적이 줄어드는 것이 아니라 커지고 있다는 연구 논문이다. 2018년 뉴질랜드 오클랜드 대학교의 연구 팀이 영국의 과학지 『네이처 커뮤니케이션*Nature Communications*』에 이 논문을 발표했다. 1971년부터 2014년까지의 항공 사진과 위성 사진을 가지고 투발루의 환초 9개와 암초 101개의 지형 변화를 분석했다.

그 결과 환초 9개 중 8개의 면적이 넓어졌고, 투발루의 총면적은 73.5헥타르(2.9%)나 증가한 사실이 밝혀졌다. 수도 푸나푸티 환초만을 살펴보면, 고리 모양 환초에 이어져 있는 33개의 섬에서 과거 115년 동안 32헥타르의 땅이 확대되었다.

또한 태평양과 인도양의 600개가 넘는 산호초 섬들에서도 같은 분석을 한 결과, 섬의 약 80%는 면적이 유지되고 있거나 확대되었다. 면적이 축소된 섬은 20%에 불과했다. 해수면 상승으로 섬이 가라앉고 있다고 믿었는데 사실은 그 반대였다. 산호초 섬들은 해마다 산호가 성장해서 환초가 높아졌고, 그 위에 모래가 퇴적돼서 섬이 커져갔기 때문이다.

투발루는 이런 국토 확대설에 반발하고 있다. 에넬 소포아가 수상은 기자회견에서 기자단에게 "이 조사에서는 거주 가능한 토지

면적과 해수 침입 등의 영향은 고려되고 있지 않다"라고 불만을 표명했다.

나는 많은 논문을 읽고 비교하면서, 왜 투발루에서만 해수면 상승이 일어나고 하와이 제도나 미크로네시아, 멜라네시아의 섬들에서는 문제가 되지 않는지 의문을 품었다. 과학적 데이터로 보아 섬의 확대설에는 설득력이 있다.

실제로 투발루를 방문해서 섬의 유력자와 만나 이야기를 나누어보니, 그의 관심사는 해수면 상승이 아니라 원조에 대한 기대였다. 태평양의 작은 섬이 환경 변화로 사라질지도 모른다는 섬나라 사람들의 불안을 무시할 생각은 없지만, 침몰설에서는 아무래도 정치적 냄새가 난다.

제3장

모래는 어디에서 왔을까

모래란 무엇인가

모래는 우리 주변에 존재하는 흔하고 흔한 것이지만, 정의하자면 상당히 까다롭다. 암석은 여러 다양한 광석이 모인 것인데, 부서지고 물과 바람으로 운반되는 과정에서 잘게 부서져 각 광물의 결정 알갱이가 된다. 결정이 되지 못한 굵은 모래를 암편이라고 한다.

암석은 아니지만 마그마가 급격하게 식어서 만들어진 흑요암과 같은 화산 유리도 잘게 깨지면 모래 알갱이가 된다. 산호나 조개 파편, 그 유명한 '별모래'처럼 탄산염이나 규산염 껍데기를 가진 유공충 등의 생물도 그 사체는 모래가 된다(제2장 참조).

특별한 모래가 만들어지기도 한다. 열대 바다에 서식하는 버팔로피시는 몸길이가 1미터나 되는데 이마에 큰 혹이 있다. 목에 숨겨진 제2의 이빨로 산호를 씹어 먹는다. 딱딱한 산호의 골격은 배설되어서 흰 모래가 된다. 이 물고기 한 마리가 1년간 5톤의 모래를 생산한다고 하니 상당한 양이다.

모래사장은 균일하게 엷고 밝은 갈색으로 보이지만, 까다롭게 분석하면 다양한 광물이 섞여 있다. 어떤 연구자에 따르면, 한 줌의 모래에는 모래 알갱이부터 실트까지 100만 입자의 광물이 들어 있다고 한다. 그 기원은 여러 가지다.

어릴 때 개펄에서 조개잡이를 하고 들고 온 모래를 확대경으로 본 적이 있는데, 그 흥분을 잊을 수가 없다. 작은 성게의 보라색 가시, 5밀리미터도 되지 않는 작은 조개, 벤츠 마크를 꼭 닮은 갯솜동물의 뼈, 그리고 종류도 알 수 없는 다양한 조개껍데기들의 파편….

당시 도쿄만은 오염되지도 않았고 쓰레기도 없었고, 작은 생물들이 많이 서식하고 있었다. 지금은 지구 규모로 문제가 되고 있는 미세 플라스틱이 그대로 들어 있을 것이고 잘게 부서진 유리 조각도 많을 것이다(사진 3-1).

옛날에도 모래의 크기에 대해서 관심이 많았다. 고대 그리스의 과학자 아르키메데스는 기원전 240년경에 저술한 『모래 계산자 $\Psi\alpha\mu\mu\iota\tau\eta\varsigma$』에서, 우주를 가득 메우기 위해서 필요한 모래 알갱이의 숫자를 계산했다. 이때 모래 입자의 지름을 0.02밀리미터 이상이라고 했는데, 20세기 초까지 이 숫자를 사용했다.

미국 농무부가 1938년에 발표한 모래의 기준은 0.05밀리미터 이상이고, 미국 주(州)도로교통국이 1953년에 발표한 기준은 0.074밀리미터 이상이다. 현재는 모래를 "다양한 광물의 입자로,

**사진 3-1. 확대한 모
래**

출처: 위키피디아

지름이 2.0밀리미터에서 0.0625밀리미터인 입자"라고 정의한다.
학회에 따라서 모래의 정의가 달라지는데, 여기에서는 지질학회
의 정의를 따르겠다.

　이런 어중간한 숫자가 된 것은 모래의 용도가 늘어남에 따라 모
래 입자의 크기가 세분화되었기 때문이다. 지름 1.0~2.0밀리미
터의 모래 입자를 극조립사(極粗粒砂), 그 2분의 1(0.5~1.0밀리미터)
크기의 모래를 조립사(粗粒砂), 4분의 1(0.25~0.5밀리미터) 크기의
모래를 중립사(中粒砂), 8분의 1(0.125~0.25밀리미터)을 크기의 모
래를 세립사(細粒砂), 16분의 1(0.0625~0.125밀리미터)을 크기의 모
래를 극세립사(極細粒砂)라고 한다. 이렇게 5가지로 구분한다(그림
3-1).

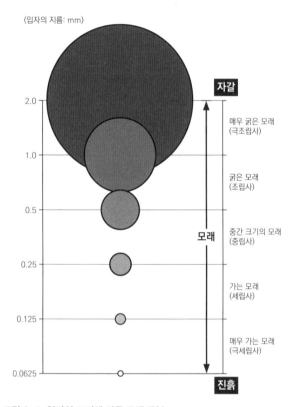

(입자의 지름: mm)

자갈

2.0 — 매우 굵은 모래
(극조립사)

1.0 — 굵은 모래
(조립사)

0.5 — 중간 크기의 모래
(중립사)

모래

0.25 — 가는 모래
(세립사)

0.125 — 매우 가는 모래
(극세립사)

0.0625 —

진흙

그림 3-1. 입자의 크기에 따른 모래 구분

출처: 스도 사다히사, 『사진으로 알 수 있는 특징과 분류 – 세계의 모래 도감』을 바탕으로 작성

극세립사보다 입자가 작은 것은 진흙이다. 진흙은 두 종류로 나뉘는데, 극조립사의 16분의 1에서 256분의 1(0.0625~0.002밀리미터) 크기의 입자를 실트, 그보다 작은 입자를 점토라고 한다.

흙은 모래와 진흙에 유기물이 섞인 것이다. 토양은 토질, 종류 등을 언급할 때 사용되며 "식물에 영양을 공급해서 자라게 할 수 있는 기능을 가진다"고 한다.

모래 크기를 간단하게 구분하는 방법을 스도 사다히사(須藤定久)가 『세계의 모래 도감』에서 소개하고 있다. 우리가 자주 사용하는 차 거름망의 그물코는 0.5밀리미터 정도다. 이것으로 모래를 걸렀을 때, 망을 통과하는 것이 중립사보다 작은 입자의 모래다.

입자의 크기가 2밀리미터가 넘는 것은 자갈이다. 토목공학에서는 5밀리미터 이상의 크기의 잔돌이 85% 이상 섞인 것을 자갈이라고 한다. 놀이터 모래밭에는 5밀리미터 정도 크기의 자갈이 많다.

흰 모래·검은 모래·붉은 모래

모든 암석이 같은 모양의 모래가 되는 것은 아니다. 암석의 종류에 따라서 모래가 만들어지는 방법이 다르다. 화강암을 예로 보자. 화강암은 지하 깊은 곳의 마그마가 천천히 식어서 굳은 심성암의 일종이다. 화강암은 육지를 구성하는 암석 중 가장 일반적인 것으로, 석영, 장석, 운모 등의 결정으로 이루어진 암석이다.

화강암은 건축물의 외벽이나 바닥, 비석, 돌담 등 여러 곳에 쓰인다. 화강암에 함유되어 있는 광물마다 열팽창률이 다르기 때문에 온도 변화에 따라서 다른 모래가 된다.

석영을 주성분으로 하는 모래는 희고 아름다워서, 예로부터 마당을 꾸미는 모래로 사용되었다. 이 중에서도 교토시 기타시라카와(北白川)강에서 나오는 시라카와(白川) 모래는 특히 인기가 많다. 천황이 살았다는 교토 황궁, 천황릉 등의 정원과 신사나 사찰 마당 등에 깔았다. 그런데 지금은 생산지인 강모래가 고갈되어서 산을 깎아 채굴해야만 얻을 수 있다. 현재는 재해 방지와 경관 유지를 위해서 채굴이 금지되었다.

작은 석영 알갱이로 이루어진 흰 모래 해변에서는 싱잉 샌드 현상을 경험할 수 있다. 모래 위를 걸으면 석영 입자가 서로 쓸려서 뽀득뽀득 소리를 낸다. 파도에 깨끗하게 씻긴 모래가 아니면 이런 소리가 나지 않는다.

지름이 1.0~0.25밀리미터 크기인 모래에서 소리가 나는데, 중립사와 세립사가 많을 때 좋은 소리가 난다. 이보다 크거나 미립자가 모래 속에 섞여 있거나, 모래 표면이 오염되어 있으면 소리가 나지 않는다. 그래서 모래 소리는 모래사장이 얼마나 오염되어 있는지 살펴보는 지표가 되기도 한다.

이전에는 홋카이도에서 오키나와까지 싱잉 샌드가 일본 전국 각지에 널리 분포되어 있었다고 하는데, 매립과 오염으로 줄어들어 지금은 30군데밖에 없다. 싱잉 샌드를 지키고자 하는 운동은 각지에서 진행되고 있으며, 매년 '전국 싱잉 샌드 정상 회담'을 개최해서 보호를 호소하고 있다. 이를테면 홋카이도 무로란시(室蘭市)에서는 '무로란 이탄키 해변 싱잉 샌드를 지키는 모임'이 시민과 학생들을 불러 모아 정기적으로 해안을 청소하고 환경을 지키는 활동을 하고 있다.

사구로 유명한 돗토리현에는 세계에서도 드문 모래 박물관이 있다. 돗토리 사구-모래 미술관에서는 모래로 만든 조각 작품을 전시한다. 해외에서 모래 조각가를 초빙해서 제작을 의뢰하는데, 매회 주제를 바꾸어서 유명한 건축물이나 미술 작품 그리고 자연을 모티브로 한 모래 작품이 전시된다.

시마네현 오다시 니마초(仁摩町)는 싱잉 샌드로 이루어진 해변 '고토가하마(琴ヶ浜)'로 유명하다. 니마초 모래 박물관에도 모래 조각 작품이 전시되어 있는데, 여기에는 또 하나 특별한 것이 있다. 홀 중앙에 모래 1톤을 담은 세계 최대의 모래시계 스나 고요미(砂曆, 사진 3-2)가 설치되어 있다. 높이 8미터의 이 모래시계가 매초 0.032그램, 하루에 2,740그램, 1년에 1톤의 모래를 떨어뜨리면서 시간을 알린다.

검은색을 띤 검은 모래 흑사는 화산에서 분출되어 바다로 흘러들어간 용암이 바닷물에 급격하게 식어서 굳은 다음, 부서져서 만들어진 모래다. 이즈오시마(伊豆大島)의 검은 모래사장은 미하라야마(三原山) 화산의 용암과 산허리에 내린 화산재, 화산사(화산에서 분출되는 용암의 부스러기 가운데 크기가 2~5밀리미터인 알갱이-역주)가 흘러내려서 퇴적한 것이다.

붉은 모래는 작은 석류석 결정이 모인 것이다. 금강사라고도 한다. 딱딱해서 연마석으로 많이 쓰인다. 나라현과 오사카현에 걸친

사진 3-2. 스나 고요미

세계 최대의 모래시계로, 1년에 1톤의 모래를 떨어뜨리면서 시간을 알린다.

출처: 위키미디어 코먼스

곤고산(金剛山)에서 나온 것이 유명하다.

그 외에도 세계에는 다양한 색의 모래사장이 있다. 카리브해의 바하마, 그리스의 크레타섬, 인도네시아의 코모도섬 등에서는 핑크색 모래사장이 신혼 여행객들에게 인기가 많다. 이 핑크색 모래는 빨간 산호의 사체가 부서진 것이다.

소설 『빨간 머리 앤*Anne of Green Gables*』의 무대가 된 캐나다 대서양 연안의 프린스 에드워드섬에는 빨간 모래사장이 있다. 모래에 섞인 산화철이 붉은색의 원인이다. 하와이 본섬 남단에 있는 파파콜레아 그린 샌드 비치에서는 녹색 모래사장을 볼 수가 있다. 화산에서 분출된 녹색 감람석 때문이다.

하천은 모래 제조 공장

주변에서 흔히 볼 수 있는 모래의 원래 모습은 잘게 부서진 바위 조각이다. 산을 이루었던 딱딱한 암반이 밤과 낮의 온도 변화로 팽창과 수축을 반복하면서 깨졌다. 혹은 암석의 균열 속으로 흘러 들어간 물이 얼어서 팽창하고, 마치 쐐기를 박은 것처럼 암석을 갈랐다.

생물도 여기에 더해진다. 박테리아가 암석에 구멍을 뚫는다. 이끼류와 지의식물이 화학 물질을 내뿜어서 암석의 표면을 녹인다. 또는 나무뿌리가 암석의 균열 속으로 파고 들어가 그 압력으로 바위를 깬다. 이런 자연계의 망치를 풍화 작용이라고 한다.

깨지거나 벗겨지거나 떨어진 암석은 중력과 비, 바람에 의해 비탈면을 굴러 내려오면서 깎이고 또 깎인다. 강 상류에서는 큰 돌멩이였던 것이 강을 따라 내려오면서 서로 부딪히고, 강물에 시달려 더욱 작아진다. 급기야 하류에 도달했을 때는 모래와 진흙으로 바뀐다(사진 3-3). 가볍고 작은 것일수록 멀리까지 떠내려간다.

한편 하천은 강바닥과 강가를 깎고, 흙과 모래가 더해져 흘러

사진 3-3. 바위는 하천을 따라 흘러 내려오는 과정에서 모래로 변화한다.
출처: Getty Images

내려간다. 이것이 침식 작용이다. 일본은 세계에서도 특히 비가 많이 내리는 나라이므로 침식이 많다. 모래는 최종적으로는 바다까지 운반된다. 물이 불었을 때나 홍수 때는 특히 많이 운반된다. 침식, 운반, 퇴적이라는 하천의 세 가지 작용으로 지표의 모양은 끊임없이 변한다.

강이 바다로 운반하는 모래의 양은 엄청나다. 일본은 가파르고 험한 산지가 많고, 게다가 하천이 그물코처럼 형성되어 있어서 운반되는 토사량도 적지 않다.

1873년 메이지 정부의 내무성 토목국에 초빙된 네덜란드의 기술자 요하네스 데 레케는 도야마현 조간지가와(常願寺川) 공사에 파견되었다. 이 강은 원류에서 하구까지 불과 56킬로미터에 불과하지만, 표고 차가 약 3,000미터나 되는 급류다. 데 레케는 깜짝 놀라서 "이것은 강이 아니라 폭포다"라고 했다는 일화가 유명하다. 단 이것은 당시 도야마현의 지사가 한 말이라는 이설도 있다.

대륙의 강은 일본과 정반대로 천천히 흐른다. 이를테면 프랑스의 센강은 길이가 777킬로미터나 되지만 표고 차는 471미터밖에 되지 않는다. 라인강은 길이가 1,233킬로미터이지만 표고 차는 겨우 1,602미터다.

이른바 일본의 하천은 서구나 중국의 하천과 비교해서 상류만 있고 하류에 해당하는 부분이 없다. 그래서 일본의 하천 중·하류에서는 어디에서나 자갈과 모래를 볼 수 있다. 대륙에서는 강의 하류부가 넓고 큰 평야를 이루고 있는 곳이 많아서, 가는 모래나 진흙밖에 보이지 않는다.

루마니아 흑해로 흘러 들어가는 도나우강의 델타 지대에서 조사를 한 적이 있다. 약 4,500제곱킬로미터나 되는 넓은 진흙 바닥에 갈대가 무성했다. 일찍이 수많은 전란과 기아로부터 도망쳐 온 그리스계, 터키계, 불가리아계 등의 소수 민족이 무성한 갈대숲으로 숨어 들어와 살았다. 18세기 러시아의 종교 박해로부터 도망친 러시아 정교의 분리파 신도들의 자손이 지금도 생존해 있다. 그들이 고대 로마의 통치자 카이사르가 도입한 율리우스력을 사용하고 있는 것에 놀라움을 금하지 못했다.

하구로 다가갈수록 강의 지류가 합쳐져서 수량이 많아지고, 강폭이 넓어지면서 흐름이 완만해진다. 그래서 강물은 토사를 다 운반할 수 없게 되고, 무거운 모래 알갱이는 침전한다. 가벼운 것은 하구 가까이까지 운반되어서 쌓이고, 이렇게 만들어진 것이 델타다.

모래는 해안에 쌓여서 다양한 지형을 만든다. 이 지형은 연안류와 크게 관계가 있다. 연안류는 해안선과 거의 평행으로 흐르는 비교적 안정된 바닷물의 흐름이다. 일정한 방향으로 흐르기 때문에 운반된 모래는 같은 곳에 쌓인다.

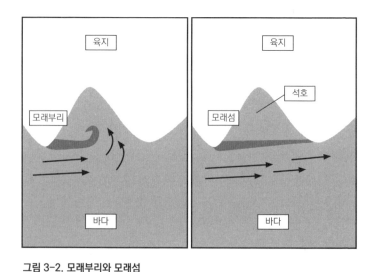

그림 3-2. 모래부리와 모래섬

출처: 일본지지연구소, 『지리학 사전』을 참고해 작성

대표적인 것이 모래부리와 모래섬이다(그림 3-2). 둘 다 모래가 해안을 따라 운반되다가 쌓여서 만들어진 것이다. 새 부리와 같은 모양으로 퇴적된 것이 모래부리이다. 이 부리가 뻗어 나가 건너편 강가와 이어지면서 수면 위에 둑 모양을 만든 것이 모래섬이다.

대표적인 모래부리로는 미호노 마쓰바라(三保の松原, 시즈오카현 스루가만), 와다노 하나(和田ノ鼻, 도쿠시마현 고마쓰시마만), 아마노하시다테(天橋立, 교토부 와카사만), 구미하마만(久美浜湾, 교토부) 등이 있다.

만의 어귀가 막혀 바다와 분리되어 생긴 호수를 석호라고 하는데 사로마호(サロマ湖)나 아쓰케시호(厚岸湖, 홋카이도), 오가와라호(小川原湖, 아오모리현 도호쿠마치), 나카노우미(中海, 시마네현 마쓰에시) 등이 유명하다. 에도시대(1603년~1858년-역주) 이후 많은 개펄을 매립해서 논밭으로 바꾸었다. 아키타현의 하치로가타(八郎潟)는 비와호 다음으로 큰 호수였는데, 20년에 걸친 간척 사업으로 매립되어 1964년부터는 '오가타무라(大潟村)'라고 불렸다. '큰 개펄 마을'이라는 뜻이다.

시즈오카현의 하마나호(浜名湖)는 원래 엔슈나다(遠州灘)와 분리된 석호였다. 하나의 설이기는 하지만, 1498년 메이오 지진 때 발생한 쓰나미로 모래섬이 무너지고 바깥 바다와 연결되어서 바닷물과 민물이 섞인 호수, 이른바 기수호가 되었다고 한다. 무너져서 바다와 연결된 부분의 지명이 '이마기레(今切)'이다. 지금 끊어졌다는 뜻이다.

해안에서 가까운 거리에 섬이 있을 경우, 섬의 육지를 향한 측면에서의 파도는 온화하고 모래가 잘 쌓인다. 육지와 섬 사이에 모래가 퇴적해서 마치 가교와 같은 길이 만들어지면 이것을 '육계사주'라고 한다. 스페인어로 모래사장을 의미하는 '톰볼로(tombolo)'가 바로 이것이다.

톰볼로의 예로는 가나가와현의 에노시마(江の島)와 와카야마현의 시오노미사키(潮岬)가 있다. 진귀한 것으로는 1923년 관동 대지진 때 지반이 불룩 솟았다가 이후 모래가 쌓이면서 육지와 연결된 지바현의 오키노시마(沖ノ島)가 있다. 시즈오카현 니시이즈초에 있는 도가시마(堂ヶ島)의 산시로지마(三四郎島)는 간조 때 바닷물 속에 길이 만들어져서 육지와 이어지는, 일본에서는 보기 드문 톰볼로이다. 프랑스의 세계 유산 몽생미셸이 그런 형태의 톰볼로의 전형이라고 할 수 있다.

이렇게 지형은 만 → 개펄 → 호수 → 평야로 긴 세월에 걸쳐서 변화하고, 육지가 바다를 향해서 전진한다. 일본에서 가장 오래전에 형성된 오사카 평야는 이런 발달의 전형적 예다. 조몬시대(기원전 1만 년~기원전 300년-역주)에는 현재의 네야가와시(寝屋川市) 주변까지 가와라만(河内湾)이 파고들어 우에마치(上町)의 평지는 반도였다.

요도가와(淀川) 등 주변의 강에서 흘러들어온 대량의 토사가 퇴적했다. 야요이시대(기원전 400년 전후부터 기원후 300년 전후까지-역주)부터 고훈시대(기원후 300년 전후부터 600년 전후까지-역주)에 걸쳐 모래섬이 발달하면서 우에마치의 평지는 오사카만과 상류의 가와라만으로 나뉘어졌다. 가와라만은 가와라 석호로 바뀌었다. 석호는 요도가와(淀川)·야마토가와(大和川)가 운반하는 퇴적물로 천천히 축소되어, 5세기경에는 현재의 오사카 평야의 모습을 갖추었다. 현재는 오사카만 전역에 걸쳐서 매립지가 펼쳐지고, 자연 해안은 거의 남아 있지 않다.

해안 가까이의 바닷물은 복잡하게 흐른다. 연안 지대에서 해안을 따라 거의 평행하게 흐르는 바닷물의 흐름이 연안류이다. 지형에 따라서 비교적 빠른 속도로 해안에서 바다 쪽으로 향하는 것을 이안류라고 한다.

하구에 퇴적되지 않고 바닷속으로 흘러 들어가는 모래를 표사라고 하는데, 표사는 해변 가까이를 떠다닌다. 연안류는 바닷속을 흐르는 강이라고 생각하면 쉽게 이해된다. 이 강은 대량의 침전물을 운반하는 능력이 있다. 표사는 연안류에 의해 운반되고, 파도는 이것을 해안으로 밀어 올린다. 그리고 모래사장을 만든다.

한편 파도의 타격과, 암반의 틈에 스며든 물과 공기의 압력으로 침식되어 만들어진 해안의 절벽을 해식애라고 한다. 해식애 중에는 후쿠이현의 도진보(東尋坊)와 시마네현의 마텐가이(摩天崖), 지부리세키헤키(知夫赤壁) 등의 관광 명소가 있다. 침식으로 토사가 만들어지고 이것이 해안을 따라 운반되어 모래사장을 만든다.

해안의 모래는 파도, 밀물과 썰물, 바람 등으로 침식되고 항상 다른 곳으로 실려 나간다. 강이 가져다준 모래, 연안류가 밀어 올

려준 표사, 해식애에서 깎아져 나온 토사 등으로 다시 모래가 보급된다. 이렇게 모래사장의 균형이 유지되는 것이다. 모래의 보급이 너무 적으면 해안은 말라가고 너무 많으면 모래언덕이 만들어진다.

건축에는 사용할 수 없는 사막 모래

모래 자원이 사라지고 있다는 위기를 말하면 "사막이 있는데 무슨 걱정이냐"는 반론이 돌아온다. 그런데 사막 모래는 콘크리트의 골재로 사용할 수 없다. 사막 모래는 바람으로 운반되는 도중 모래 입자끼리 서로 부딪혀서 아주 작아질 뿐 아니라, 표면이 만질만질해진다 (사진 3-4).

이런 사막 모래는 시멘트에 섞어 쓰기에는 너무 곱고, 모서리가 없어서 서로 엉키지도 않는다. 그래서 시멘트와 섞어도 콘크리트의 강도를 얻을 수가 없다. 강모래는 입자 하나하나의 모습이 각각 달라 마치 지그소 퍼즐처럼 맞추어져, 시멘트에 섞으면 단단하게 고정된다. 강모래를 굵은 소금이라고 한다면, 사막 모래는 쌀알과 같은 모양이라고 할 수 있다.

사막 모래의 또 다른 치명적인 문제는 모래의 염분 함유량이 너무 많다는 것이다. 바닷모래와 마찬가지로 사막 모래는 알칼리 골재 반응(제5장 참조)을 일으켜서 건축물의 강도나 안전성에 위협

사진 3-4.

사하라 사막의 모래 알갱이

쌀알과 같이 둥글고 각이 없다.

출처: Sandatlas.org

을 가한다. 사막에서 식물이 잘 자라지 않는 것은 물이 부족해서만이 아니라 염분이 많기 때문이다.

사막으로 둘러싸인 중동 연안의 여러 나라에서는 건설 러시(제1장 참조)가 이어지고 있는데, 건축용 모래는 모두 해외에서 수입한다. "사막의 나라에서 모래를 수입한다"는 역설은 모래의 성질 때문이다.

사막은 어떻게 만들어졌는가

비가 많이 내리는 일본에서는 주로 강과 파도가 모래를 만든다.

이에 반해 비가 적게 내리는 사막 지대에서는 태양과 바람이 모래를 만드는 원동력이다. 대기 중의 수분이 상승 기류를 타고 상공으로 올라간 다음 식어서 떨어지는 것이 비다. 지리, 기상 조건 때문에 공기가 건조하고, 여기에 상승 기류가 적으면 사막이 된다.

사하라 사막은 항상 고기압이라 습한 대기가 들어오지 못한다. 그래서 비가 적게 내린다. 아프리카 남서부의 나미브 사막 부근에서는 한류(寒流)가 흐르고 있어서 지상의 온도가 낮다. 그러니 수증기가 상공으로 올라가지 못한다. 이곳의 연간 강수량은 30밀리미터밖에 되지 않는다.

사막은 아프리카만이 아니라 중동, 북미 남서부, 남미 태평양 연안, 오스트레일리아, 중앙아시아에도 분포하고, 남극에도 '차가운 사막'이 있다. 식물이 거의 없고 지구 표면이 그대로 노출되어 있는 가혹한 자연이다. 지구상 육지의 약 3분의 1이 사막이거나, 또는 그에 준하는 건조 지대이다.

사막이라고 하면 일본인은 동요 〈달 사막月の砂漠〉을 떠올릴 것이다. 화가이자 시인인 가토 마사오(加藤まさを)가 1923년에 삽화와 함께 발표한 시다. 일본인은 왕자와 공주가 낙타를 타고 사막을 지나는 삽화를 보고 사막 이미지를 갖게 되었다. 가토와 인연이 있는 지바현 온주쿠(御宿) 해안에는 '달 사막 기념관'이 있고, 두 사람이 탄 낙타의 동상이 장식되어 있다.

앞에 선 낙타에는 왕자, 뒤를 따르는 낙타에는 공주

두 사람은 하얀 옷을 입고 있네.

넓은 사막을 두 사람은 어디로 가는 것일까.

어슴푸레한 달밤, 두 마리 낙타는 뚜벅뚜벅 모래 언덕을 넘어간다.

아무 말 없이 넘어간다.

나는 케냐의 나이로비에 본부를 둔 유엔환경계획(UNEP)에서 근무할 때 사막화를 조사하기 위해 아프리카를 비롯한 세계 각지의 사막을 찾아다녔다. 수단 북서부 사하라 사막의 작은 마을에 장기간 머문 적도 있다. 낮에는 50도가 넘고, 습도는 0%인 세계다. 한편 우기의 새벽에는 기온이 0도 가까이 떨어지는 날도 있다.

사하라 사막에서 모래 언덕은 전체의 15%에 불과하고, 나머지는 바위가 굴러다니는 자갈 사막과 흙과 점토로 덮인 흙 사막이다. 바람에 따라 이동하는 모래 언덕에서는 식물이 자라지 않지만 자갈 사막이나 흙 사막에서는 가시투성이인 키 작은 나무와 다육식물이 자란다.

우기가 되면 온통 꽃밭으로 변하는 곳도 있다. 남아프리카공화국 북서부에 위치한 나마콸란드는 '신들의 화원'이라는 별칭이 있을 정도로, 매년 현지의 봄인 9월이 되면 색색의 꽃들이 지평선까지 펼쳐진다. 남미 칠레의 아타카마 사막에서는 수년에 한 번의 비율로 발생하는 엘니뇨 현상 때문에 비가 내리고, 그 직후 사막은 꽃으로 덮인다(사진 3-5).

사진 3-5. 꽃이 핀 아타카마 사막

아타카마 사막은 비가 내리면 꽃으로 덮인다.

출처: Flicker ⓒJavier Ruvilar

사막의 모래는 암석의 풍화로 형성된다. 수단의 사막에서 다음과 같은 경험을 했다. 어느 날 저녁 '빵' 하는 소리에 놀랐다. 소총 소리 같았다. 당시 수단 남서부는 이슬람계 정부와 비이슬람계 민병대 사이에서 약 40만 명의 희생자가 발생하는 처참한 내전이 벌어지고 있었기에 전투라고 생각했다.

다음 날 아침 소리가 난 곳으로 조심스럽게 가보니, 높이 3미터 정도의 바위가 두 동강 나 있었다. 바위의 틈으로 스며든 수분이 태양광으로 데워져서 팽창한 결과였다.

이렇게 큰 바위가 부서지는 것이 풍화의 제1단계이다. 그 일대에서도 몇 년에 한 번 국지적 호우가 내린다. 모래의 대지는 물을 흡수하지 않기 때문에, 표면을 흐른 엄청난 양의 물이 갑자기 밀어닥친다. 이 물이 바위를 깬다. 그래서 사막 한가운데에서 홍수가 발생했다는 뉴스를 간혹 볼 수 있다. 2019년 9월 사하라 사막의 나라 니제르에서는 호우로 발생한 홍수가 이어지는 바람에 57명이 익사하는 사건이 있었다.

작아진 바위 파편은 바람으로 운반되면서 서로 부딪히고, 지면에 충돌해서 잘게 부스러진 다음 모래가 된다. 모래가 바람에 운반될지 말지는 풍속과 입자 크기에 따라 결정된다. 작은 모래 입자는 초속 5미터 전후의 속도로 이동한다. 바람에 떠올라 잠시 이동하고 땅으로 떨어지기를 반복한다. 모래 입자가 크면 지표를 굴러서 이동한다.

장거리 이동을 하는 모래 먼지

사막의 모래는 자유롭게 옮겨 다닌다. 때로는 수천 킬로미터 떨어진 곳까지 이동한다. 나는 이것을 아프리카에서 대서양을 건넌 남아메리카 대륙의 북부에 위치한 카리브해에서 실감했다. 태양이 뜨겁게 내리쬐어야 하는 3월의 카리브해, 트리니다드토바고의 거리를 걷고 있는데 우중충한 하늘에서 갑자기 모래 먼지가 내렸다. 주변을 둘러보니 주차된 자동차와 가로수의 나뭇잎은 마치 콩가루에 뒤덮여 있는 것 같았다.

이 지역 사람들에게 물어보니, "사하라 사막에서 날아온 모래 먼지"라고 했다. 일본도 봄이면 대륙으로부터 날아온 황사에 시달린다. 사하라 사막의 모래가 바람을 타고 대서양을 건너서 7,000킬로미터나 떨어진 곳으로 날아온 것이다. 사막과 그 주변에서는 맹렬한 모래 폭풍이야말로 연중행사다.

모래 폭풍은 지역에 따라 다르게 불린다. 북아프리카에서 아라비아반도에 걸쳐서는 '하붑'이나 '함신', 서아프리카에서는 '하르마탄', 동아시아에서는 '황사'라고 하는데, 중국에서는 특히 심한 것을 '사진폭(沙塵暴)'이라고 한다.

모래의 무서움을 몸으로 체험한 것은 수단의 어느 마을에 살았을 때이다. 어느 날 밤 아무런 전조도 없이 많고 많던 하늘의 별들이 모습을 감추었다. 여기저기에서 "모래 폭풍이다!"라고 외치는 소리가 들렸다. 하늘의 별이 사라지는 순간 강풍과 함께 모래 덩어리가 머리 위로 떨어졌다. 강렬한 모래 폭풍 하붑이었다.

눈, 코, 입 할 것 없이 밀가루보다 고운 모래가 마구 들어왔다. 누군가가 나를 집안으로 밀어 넣고 천으로 얼굴을 감쌌다. 주변은 모래투성이였다. 3시간 정도 지나자 모래 폭풍이 가라앉았는데 이번에는 비가 마구 쏟아졌다. 굵은 빗발이 마른 대지를 때리고, 재의 티끌 같은 모래 먼지가 날아올랐다.

그해 첫 비가 내리자, 어른도 어린이도 밖으로 뛰어나와 비를

맞았다. 나도 함께 빗속을 뛰어다녔다. 비가 내리는 것이 이렇게 흥분되는 일이라는 사실을 처음 체험한 날이었다.

다음 날 하늘은 맑았다. 축 처져 있던 나뭇가지들이 싱싱하게 살아났다. 지면은 이제까지 볼 수 없었던 개미구멍으로 가득했다. 벌레를 잡아먹으려는 유럽벌잡이새와 쇠칼새의 모습이 보였다. 이것이 사막의 봄이다.

오두막 주변에는 모래가 쌓여 있었다. 마치 눈을 치우듯, 하루 종일 모래를 치우는 중노동을 했다.

사하라 사막에서 불어온 모래 먼지의 양은 연간 20~30억 톤이나 된다고 추정한다. 지구상의 모든 인류의 몸무게를 합하면 약 4억 톤이라고 하니, 그 몇 배의 사람이 바람을 타고 날아온 셈이다. 때로는 상공 6,000미터까지 올라간다.

바람을 타고 북쪽으로 향한 모래 먼지는 유럽 대륙을 횡단해서 북유럽까지 물들이기도 한다. 서쪽으로 향한 것은 대서양을 넘어서 북미와 카리브해, 남미 대륙에 내린다. 날아가는 양이 가장 많아지는 7월에는 대서양 상공을 이동하는 갈색 안개가 인공위성 사진에도 찍힌다.

모래 먼지가 날아오는 계절이 되면, 남플로리다와 카리브해에서는 저무는 해가 붉은 빛을 띠고 더욱 크게 보인다. 노벨 문학상을 수상한 작가 가즈오 이시구로는 『남아 있는 나날 *The Remains of the Day*』에서 "사람은 석양에 매료된다"고 기술했다. 세계 각지에서 수없이 많은 노을을 보아왔지만, 카리브해의 호화로운 석양에는 압도되었다.

모래 먼지처럼 떠돌아다니는 입자가 많으면 태양 빛은 입자에 부딪혀서 빛을 산란시킨다. 파장이 짧은 파란 빛은 쉽게 확산되지만, 파장이 긴 붉은 빛은 좀처럼 산란되지 않고 지상에 있는 사람의 눈으로 들어온다. 이것이 노을이다.

1991년 필리핀의 피나투보 화산 분화는 20세기 최대의 분화라고 일컫는다. 분화 후에도 온 세계에서는 화산재로 인해 무서울 정도로 빨간 아침놀과 저녁놀을 보았다. 1883년 사상 최대급의 인도네시아 크라카타우 화산이 분화한 후에도, 수년에 걸쳐서 신비한 색의 저녁놀이 관측되었다. 노르웨이의 화가 뭉크의 대표작 〈절규〉의 배경인 저녁놀은, 그 당시의 기억을 가지고 그린 것이라는 설도 있다.

모래 먼지는 세탁물을 오염시키고 공장의 정밀 기계를 고장 나게 한다. 때로는 호흡기 장애를 일으킨다. 정말 민폐다. 그러나 알칼리성의 모래 먼지에는 일본의 산성 토양과 대륙에서 날아온 산성비를 중화시키는 기능이 있어서, 농업에 도움이 된다.

또한 식물에 필요한 염분이 함유되어 있어서 사하라 사막에서 온 모래 먼지는 중남미의 열대림에 염분을 보급한다. 태평양 한가운데의 하와이 제도에서 농업이 가능한 것은 중국에서 일본 열도를 통과해서 날아온 황사가 있기 때문이기도 하다.

사하라 사막의 모래는 어디에서 왔을까

사하라는 아랍어로 '불모의 땅'이라는 뜻이다. 면적은 지구 육지 면적의 약 16분의 1에 상당한다. 907만 제곱킬로미터로 아프리카 대륙의 30%를 차지한다. 지금은 모래와 바위로 뒤덮여 있지만 원래는 초록으로 덮인 대지였다. 호수와 강도 많이 있었다. 수렵과 낚시로 생활을 했던 인류의 흔적이 이곳에 남아 있다.

1996년에 공개된 미국 영화 〈잉글리쉬 페이션트〉는 아카데미 시상식에서 9개 부분을 석권한 명작이다. 사하라 사막의 일부인 리비아 사막이 무대이다. 영화에서는 동굴 속에 그려진 선사시대의 벽화가 암시적으로 등장한다. 벽화에는 물속에서 헤엄치는 사람과 하마, 악어 등 물과 관련된 동물이 그려져 있다(사진 3-6).

이 영화에 등장하는 벽화는 8,000년 전 이집트의 동굴 유적 '와디수라'이다. 실제로 2002년에 발견된 이 유적이 모티브가 되었다. '헤엄치는 사람'의 발견은 세계를 충격에 빠뜨렸다. 이 발견으로 일찍이 '초록 사하라'라고 불리는 풍요로운 시기가 있었다는 사실이 증명되었다. 이후 약 5,000년 전에 시작된 기후의 극적인 변화에 따라 단숨에 건조되기 시작한 것이다.

초록 시대에는 비도 많았고, 강이 토사를 운반했을 것으로 추측된다. 기후가 건조해지자 강한 햇빛만이 아니라 더위와 추위의 극단적 차이에 바람이 더해져서, 풍화 작용으로 인해 모래 공급이 늘어났다. 풍화 작용은 광물에 따라 그 정도가 다르다. 감람석, 휘

사진 3-6. 와디 수라 동굴 유적의 헤엄치는 사람 벽화

물속에서 헤엄치는 사람과 하마, 악어 등 물과 관계있는 동물들이 그려져 있어, 이곳이 물이 풍부
했던 지역이었음을 보여준다.

출처: 위키피디아 ⓒRoland Unger

석, 각섬석 등은 풍화되기 쉽고, 장석이나 석영 등은 풍화 작용의
영향을 잘 받지 않아서 사막 모래의 주성분이 되었다.

모래 언덕은 불어오는 바람에 따라 모양을 바꾼다. 모래 폭풍이
불고 그다음 날에는 지형이 완전히 바뀌어서 놀라는 일도 많다.

이때 모래 언덕의 경사면에는 바닷물이 파도를 치는 것 같은 여
러 모양의 문양이 그려진다. 몇 시간을 보고 있어도 전혀 싫증이
나지 않는 신비로운 광경이다.

날아온 모래가 모래언덕의 꼭대기를 넘어 경사면을 타고 내려

올 때는 독특한 소리를 낸다. 원주민은 "모래가 노래를 한다"고 하고 영어로는 'barking sand(짖는 모래)'라고 한다. 오스트레일리아 원주민의 악기 디저리두의 소리를 닮았다. 복부 깊은 곳에서 낮게 으르렁대는 음색이다. 한 번 들으면 결코 잊을 수 없는 소리다.

일본에서도 모래 언덕의 이동을 볼 수 있다. 계절풍이 센 겨울에는 바람 밑으로, 봄에서 여름에 걸쳐서는 바람 위로 조금씩 이동한다. 돗토리 사구에는 해변을 따라 걷는 나그네들이 잠시 쉬어가는 하마자카(浜坂)에 '야나기 찻집'이라는 이름의 찻집이 있었는데, 1944년 모래에 파묻혀서 폐쇄되었다.

돗토리 사구는 국립공원의 특별 보호 지구로 지정되었는데, 모래 언덕의 경관을 유지하기 위해서 마구 자라는 잡초와 나무를 제거한다. 사막화 방지를 위한 국제회의에서는 사막의 녹지화를 위해서 모래 이동을 억제해야 한다는 이야기를 자주 나눈다. 내가 그 자리에서 "일본에서는 사막을 유지하기 위해서 초목을 제거한다"고 발언하자, 참석자는 모두 믿을 수 없다는 얼굴을 했다.

최근 반세기 동안, 각지의 사막 주변에 펼쳐진 반건조 지대에서는 이변이 눈에 띄게 나타나고 있다. 점과 같은 작은 사막이 만들어지고 마치 곰팡이가 증식하는 것처럼 퍼져서, 서로 맞붙어 큰 사막으로 성장한다. 이것이 바로 사막화이다. 유엔은 사막화를 방지하기 위해서 1994년에 사막화 방지 협약을 채택했다.

사막 주변의 반건조 지대는 사람이 생활할 수 있는 환경의 한계선이라고 할 수 있는 가혹한 환경이다. 인구와 더불어 가축이 폭발적으로 증가해서, 방목과 농업의 과잉으로 식물이 파괴되고 사막화가 진행되고 있다. 삼림이 사바나로, 사바나가 스텝으로, 그리고 스텝이 사막으로 바뀐다. 조금만 방심하면 바로 잡초에 점령되는 일본의 기후와는 정반대인 세계이다.

골재란 무엇인가

우리는 일상생활 속에서 모래를 의식하는 일이 거의 없다. 있다고 해도 놀이터의 모래, 고양이 화장실의 모래, 수족관에 까는 모래 정도일 것이다. 그런데 모래가 없다면 우리들의 일상은 이루어지지 않을 정도로, 우리는 모래에 의지며 생활하고 있다.

그중에서도 모래의 최대 용도는 시멘트에 섞어서 콘크리트를 만드는 골재다. 즉 콘크리트의 본체는 모래이고, 시멘트를 연결고리로 이용해서 딱딱하게 굳히는 것이다.

골재의 대량 소비가 모래 자원의 위기를 초래한 사실은 이미 기술한 바와 같다. 골재 다음의 용도는 매립용 모래와 공업용 원료이다. 그리고 최근 수요가 급격히 늘어난 오일 셰일 굴삭에 사용되는 모래다.

시멘트 이용의 역사는 오래되었다. 석회암으로 만든 아궁이는 열을 가하면 돌의 표면이 떨어지거나 부서지는데, 수분을 빨아들이면 다시 딱딱해진다. 여기서 시멘트가 발명되었다.

사진 3-7. 판테온의 내부

고대 로마의 신전으로, 석재 마감재 안은 시멘트로 채워져 있다. 현재 남아 있는 건물은 2세기에 재건되어 2천여 년에 가까운 시간 동안 건재해 왔다. 여기서 시멘트의 내구성이 얼마나 뛰어난지 실감할 수 있다.

출처: 위키피디아 ⓒStefan Bauer

약 9,000년 전의 것으로 추정되는 갈릴리 지방(현재의 이스라엘)의 이프타흐(yiftah) 유적에서 발굴 조사를 하자, 주거지였던 곳에서 현재의 시멘트와 비슷한 것이 발린 벽이 발견되었다. 기원전 2,600년경에 만들어진 고대 이집트의 피라미드와 그 후 고대 그리스 로마시대의 건축물에서도 돌과 돌을 접착시키는 재료로 시멘트가 이용되었다.

특히 로마시대의 판테온(사진 3-7)이나 수로 등의 거대 건축물은 시멘트가 없었다면 지어질 수 없었던 건축물들이다. 시멘트는 석회(탄산칼슘)를 주성분으로 하는 석회암과 대리석을 깨고 구워서 분말로 만든 다음 모래를 더한 것이다.

시멘트의 내구성이 뛰어나다는 사실은 당시의 건축물이 2,000

년이 지난 지금도 남아 있는 것으로 충분히 증명된다. 기원전 19년에 건설된 로마 시내의 비르고 수로는 일부이기는 하지만 지금도 이용되고 있다. 이후 시멘트는 다양하게 개량되었지만, 석회암을 구워서 분말로 만드는 기본 제조법은 바뀌지 않았다.

콘크리트 믹서차가 거대한 항아리 같은 드럼통을 회전시키면서 달리는 모습이나, 공사 현장에서 소형 드럼통에 시멘트와 모래를 넣어서 혼합하는 광경을 흔히 볼 수 있다. 건설 세계에서는 모래와 자갈을 골재라고 한다. 이름 그대로 콘크리트의 골격이 되는 건설 자재이다. 골재는 입자의 지름이 5밀리미터 이하의 가는 잔골재(모래)와 그것보다 큰 조골재(자갈)로 나뉘는데, 용도에 따라 배합 비율을 정하고 물로 반죽을 한다.

골재는 특별한 품질과 성능이 요구된다. 이를테면 콘크리트가 한여름의 직사광에 노출되어 수십 도의 고온이 되어도 혹은 겨울철 온도가 영하로 떨어져도 변형되지 않고 안정된 상태를 유지할 것, 대기 오염 물질인 산성비 등 다양한 화학적 물질에 침식되지 않을 것 등이다.

시멘트에 잔골재인 모래를 섞고 물로 갠 것을 모르타르라고 한다. 블록이나 벽돌을 쌓을 때의 접착제나 벽의 마감재로 사용한다. 모르타르에 자갈과 같은 굵은 조골재를 더한 것이 콘크리트다. 강도를 높이기 위해서 막대 모양의 철재인 철근을 뼈대로 넣으면 철근 콘크리트가 된다. 더 높은 강도를 요구하는 대형 건축물에는, 철골을 중심에 두고 그 주위를 철근으로 둘러싸고 콘크리트를 박은 철골 철근 콘크리트를 사용한다.

철근이나 철골을 넣는 것은, 콘크리트가 압축하는 힘에는 강하지만 당기는 힘에는 약한 것을 보강하기 위해서다. 대지진 때 건물에 금이 가고 손상이 발생하는 것은, 건물이 바깥에서 가해지는 압축력은 견디지만 잡아당기는 인장력에는 약하기 때문이다.

골재의 효과는 콘크리트의 성능과 경제성을 높인다. 가능한 한 적은 양의 시멘트로 강도가 높은 시멘트를 만드는 것이 목적이다. 게다가 콘크리트는 알칼리성을 띠고 있어서, 콘크리트에 들어간 철근이나 철골에 녹이 스는 것을 막는 효과도 있다.

지금으로부터 60년 전 강의실에서 "콘크리트는 왜 굳는지에 대해서 아직도 그 이유를 알지 못한다"는 말을 듣고 놀란 적이 있다. 한 학생이 "교수님! 이 건물은 무너지지 않겠지요?"라고 질문하자, 공학부 교수는 "콘크리트를 이용한 고대 로마의 건물이 아직도 남아 있는 것을 보면 걱정할 필요가 없다"고 아무렇지도 않은 얼굴로 답했다.

콘크리트가 굳는 것은 그 속에 들어 있는 시멘트가 물과 반응해서 서서히 굳어가는 수화(水和) 반응이라는 화학 반응 때문이다. 미국 매사추세츠 공과대학교(MIT)의 연구자가 단단하게 굳어지는 구조를 완전히 밝혀서 발표한 것은 2016년도의 일이다.

이 반응에는 발열이 동반된다. 대량의 시멘트 반죽이 단단해질 때는 내부에 열이 모여서, 때로는 100도가 넘는 고온이 되는 일도 있다. 고온이 되면 바깥 공기와 접하는 바깥쪽과 내부의 온도 차가 커져서 쉽게 금이 간다. 그래서 시멘트의 비율을 줄이고 발열을 억제하기 위해 골재를 더하는 것이다.

모래의 용도

우리는 모래의 용도를 좀처럼 의식하지 않지만, 실은 모래가 우리 생활이나 산업을 뒷받침하고 있다.

>>> 유리는 가장 오래된 모래 제품

유리 제조의 역사는 기원전 3,600년경의 메소포타미아까지 거슬러 올라가는데, 그 이전에 이집트에서 만들어졌다는 설도 있다.

현존하는 가장 오래된 렌즈는 기원전 700년경의 님루드(현재의 이라크 북부) 유적에서 발견되었다(사진 3-8). 태양열을 모아 불을 피워서 만든 것으로 보인다. 고대 로마에서는 유리 항아리와 와인 잔 등 그릇의 소재로 유리가 널리 이용되었다.

현재 우리의 생활은 유리 제품 일변도다. 영국의 공학자 마크 미오도닉은 『사소한 것들의 과학Stuff Matters』에서 청결, 시간, 빛 등과 관계가 있는 재료와 함께 유리가 인류사에 미친 역할을 다음과 같이 기술했다.

"로마시대 포도주 잔의 유행으로 유리 문화가 탄생했다. 이로

사진 3-8. 님루드 렌즈
세계에서 가장 오래된 렌즈로 추정되는 님루드 렌즈. 태양열을 모아서 불을 피워 유리를 만드는 것으로 추정된다.
출처: 위키피디아

인해 유리를 다루는 기술이 발달하지 않았다면 망원경과 현미경은 결코 탄생하지 않았을 것이고 17세기의 과학 혁명도 없었을 것이다. 또한 스테인드글라스가 교회의 위엄을 결정지었고, 거울은 자기 자신에 대한 인식을 높이는 데 일조했다."

유리에는 여러 종류가 있고, 그 재료도 조금씩 다르다. 일반적으로 사용하는 유리의 재료는 유리모래, 탄산나트륨, 석회석 세 가지이다. 모두 모래와 돌에서 채취한 것이다. 유리모래는 우리 주변에서 흔히 볼 수 있는 것으로, 놀이터 모래밭의 모래에 섞여 있는 반짝반짝 빛나는 유리 파편 같은 것이 바로 그것이다.

18세기에는 프랑스에서 판유리 주조법이 개발되었다. 판유리는 이후 건축물의 창에는 없어서는 안 될 존재가 되었다. 실용성으로 보면 인류 역사 초기의 최대 발명은 안경이다. 안경은 13세기경 이탈리아에서 발명되었다.

마르코 폴로(1254~1324)의 『동방견문록 *Divisament dou monde*』에는 쿠빌라이 칸의 궁전에서 안경이 사용되고 있었다는 기록이 있다. 1400년대에는 안경이 유럽으로 퍼졌다(몇몇 학자들은 이런 기록을 근거로 안경이 중국에서 발명되었다고 주장하지만, 안경은 이탈리아에서 발명되었고 당시 실크로드를 통해 이탈리아에서 중국으로 전해졌을 것이라는 견해가 지배적이다.-역주).

안경은 인쇄물과 깊은 관련이 있다. 독일 출신의 금 세공사 구텐베르크가 15세기 중반에 포도 착즙기에서 힌트를 얻어 인쇄기를 발명했다. 인쇄기 덕분에 특권 계층의 전유물이었던 성서를 서민들도 읽을 수 있게 되었다. 식자층이 일시에 많아지면서 활자 문화가 급속하게 확대되었고, 동시에 안경을 필요로 하는 사람이 증가해서 안경이 보급되었다.

일본에서는 1549년에 일본을 방문한 스페인의 선교사 프란시스코 하비에르가 스오(周防, 지금의 야마나시현)의 다이묘 오우치 요시타카(大內義隆)에게 선물한 것이 일본 최초의 안경이라고 한다. 렌즈가 본격적으로 일본 국내에서 생산되기 시작한 것은 메이지 시대(1868년~1912년-역주)부터이다.

세계 유리 산업의 핵심이 된 판유리 제조법은 영국의 필킹턴 사가 1959년에 개발해서 유리 제조 기술의 세계 표준이 되었다. 유리 재료를 약 1,500도 고온의 가마 속에서 녹이고 이것을 잡아 늘여서 제품으로 만든다. 이 기술로 평평하고 미끄러운 판유리가 연속적으로 생산되었다. 건축용 투명 유리, 착색 유리, 코팅 유리, 자동차 앞유리 등이 이 제조법으로 생산되고 있다.

⟫⟫ 개인용 컴퓨터에도 모래가 필요하다

최근 산업에서 없어서는 안 되는 반도체의 기본 재료인 기판은 유기규소로 만든다. 이것은 모래와 암석 속에서 산소와 결합된 실리카의 상태로 존재한다. 실리카에서 유출한 실리콘(규소)으로 만든 웨이퍼라는 얇은 원판 위에 회로를 구워 붙인 것이 반도체이다. 실리콘은 지구상에서 산소 다음으로 두 번째로 많이 존재하는 원소이다.

반도체는 주변에 넘쳐난다. 반도체가 들어 있지 않은 제품을 찾는 것이 더 어렵다. 이를테면 에어컨에서는 온도 감지기에 사용된다. 전기밥솥으로 맛있는 밥을 지을 수 있는 것도 반도체로 온도를 까다롭게 조절할 수 있기 때문이다. PC를 작동시키는 CPU, 스마트폰, 디지털카메라, 텔레비전, 세탁기, LED 전구 등 많은 디지털 가전제품에 반도체가 내장되어 있다.

인터넷과 통신 등의 사회 인프라도 그 중심에는 반도체가 있다. 은행의 ATM, 지하철 운행, 물류 시스템, 의료와 간호 등에도 반도체가 활용된다. 자동차에는 이미 반도체가 많이 쓰이고 있는데, 이후 ADAS(Advanced Driver Assistance Systems, 첨단 운전자 지원 시스템) 실용화의 열쇠를 쥐고 있는 것도 반도체이다.

또한 모든 것을 인터넷과 연결시키는 IoT(Internet of Things, 사물 인터넷)과 AI(Artificial Intelligence, 인공지능)의 보급, 빅 데이터와 클라우드 활용으로 반도체가 담당할 역할은 비약적으로 증가할 것이다.

>>> 온갖 제품을 만들어내는 주물모래

주물은 쇠붙이를 녹여서 거푸집에 부은 다음 굳혀서 만든 물건이다. 녹인 쇠붙이를 붓기 위한 거푸집은 점성이 거의 없는 강모래나 유리모래를 특수한 약제로 굳혀서 만든다. 이것을 주물모래라고 한다(사진 3-9).

주물모래는 모양을 쉽게 만들 수 있고, 고온과 압력을 잘 견디며, 쇠붙이와 반응은 하지 않지만 쇠붙이를 단단하게 만들 때 나오는 가스를 배출하는 것이 특성이다. 모래로 만든 거푸집 안에서 충분하게 식은 주물을 모래로부터 분리하면, 모래는 원래의 모양으로 돌아가 다시 사용할 수 있다.

주물 공장에서 무쇠를 녹이는 가마를 큐폴라(용선로)라고 하는데, 공장의 굴뚝은 주물 마을의 상징이었다. 주물의 마을 사이타마현 가와구치시(川口市)를 무대로 한 영화 〈큐폴라가 있는 거리〉는 1962년에 공개되었다. 1964년 도쿄 올림픽 주 경기장의 성화대는 이 마을에서 제조된 것으로 유명하다.

거푸집으로 만들어내는 제품으로는 주로 자동차를 중심으로

사진 3-9. 모래로 만든 거푸집

모래는 주물을 만드는 거푸집에도 사용된다.

출처: 위키피디아 ⓒGlen McKechinie

하는 운송 기기와 일반 기계의 부품이 있다. 그 밖에 자동차의 엔진, 브레이크, 휠, 마을을 걷다가 볼 수 있는 제품으로는 맨홀 뚜껑, 사찰의 범종, 동상, 가로등, 우체통 등이 있다.

부품으로 사용되는 것은 수도꼭지, 전기밥솥, 세탁기, 컴퓨터, 휴대전화 등의 가전제품이다. 프라이팬, 냄비 등의 일상용품, 스토브, 가스 기구 등의 난방기, 문손잡이도 주물이 많다.

>>> 모래밭의 작물 재배

일본에서는 적어도 300년 이상 야채와 과일을 모래밭에서 재배해 왔다. 에도시대 중반 연안 지역에서는 바람에 날려 오는 모래로부터 논을 지키기 위해서 나무를 심었다(제5장). 토양이 안정된 안쪽으로는 농지가 조성되었고, 특산물인 야채와 과일을 재배했다. 돗토리 사구의 락교는 에도시대 참근교대(參勤交代, 각 번의 다이묘를 정기적으로 에도를 오고 가게 함으로써 각 번에 재정적 부담을 가하고, 볼모를 잡아둔 에도 막부의 제도-역주) 때 주인을 따라 간 하인이 도쿄의 고이시카와 약초원(小石川藥園)에서 씨를 가지고 와서 모래 언덕에 심은 것이라는 일설이 있다.

특히 1953년에는 '해안 모래밭 농업 진흥 임시 조치법(海岸砂地地帶農業振興臨時措置法)'이 시행되었다. 일본은 제2차 세계대전 직후 식량난에서 벗어나기 위해서, 식량 증산을 목적으로 모래 언덕 등을 개간하고자 했다. 모래밭은 통기와 배수는 잘 되지만 점성과 유기물 함유량이 적어서 수분과 거름기를 오랫동안 유지할 수가 없다. 그래서 전쟁 전까지는 농지로 적합하지 않은 토양이라고 했는데, 임시 조치법 이후 양분과 수분의 관리 기술이 발달하면서 모래밭에서의 농업이 발전했다.

현재는 일본 각지에서 멜론과 수박 등의 특산물이 재배되고, 그 외 모래밭의 특성을 살려서 땅콩, 호박, 고구마, 파, 시금치 등의 다양한 작물을 기르고 있다.

>>> 비치발리볼 경기장의 모래

비치발리볼에서 사용하는 모래는 입자의 지름이 1~2밀리미터인 것이 6% 이하, 0.25~1밀리미터 미만인 것이 80% 이상에서 92% 이하여야 한다는 등, 국제 배구연맹(FIVB, Fédération Internationale de Volleyball)의 규정에 따라 규격이 매우 구체적으로 정해져 있다. 입자가 너무 커도 작아도 불합격이다. 가로 8미터, 세로 8미터인 코트 하나당 모래의 양은 약 400톤. 올림픽 비치발리볼에서는 경기장 7개를 사용하므로, 여분을 포함해서 약 3,000톤 이상의 모래가 필요하다.

모래의 촉감은 선수에게 영향을 미치므로 중요하다. 또한 모래의 색이 너무 희면 태양의 빛이 반사되어 눈이 부시고, 너무 검으면 빛을 흡수해서 뜨겁다. 그래서 모래의 색도 엄격하게 정해져 있다.

2021년 도쿄 올림픽에서는 국내외에서 들고 온 8종류의 모래 샘플을 F1VB 검사 기관이 검토한 결과 베트남산 모래가 선정되었다. 2004년 아테네 올림픽에서는 벨기에 채석장의 모래가 선택되었고, 2008년 베이징 올림픽에서는 하이난다오에서 모래가 운반되었다. 통상 유럽의 대회에서는 핀란드, 스웨덴, 덴마크의 모래가 채용되는 일이 많다.

››› 그 외의 모래의 용도

연마재는 갈고 닦는 작업을 하는 데에 쓰는 분말이나 종이이다. 연마재를 결합재로 굳히면 인공 숫돌이 되고, 종이나 천에 접착하면 샌드페이퍼가 된다. 일상에서 조리 도구나 바닥을 청소할 때 사용하는 고운 연마재를 연마분이라고 한다.

도로나 레일에 모래를 뿌리면 타이어 또는 레일과 차바퀴 간의 정지 마찰력이 커지면서 잡는 힘이 강해져 미끄러지지 않는다. 눈이 많이 내리는 홋카이도의 도로에는 모래 상자가 설치되어 있어서, 차량이 미끄러지지 않도록 누구나 자유롭게 사용할 수 있다.

얼어붙거나 낙엽이 붙어 레일이 미끄러운 지역을 주행하는 철도에는 모래 뿌리는 장치가 설비되어 있다. 신칸센에도 일부 장치되어 있다. 오르막에서 구동륜이 공전을 해서 견인력을 잃을 우려가 있을 때는 이것을 방지하기 위해서 기차 바퀴와 레일 사이에 모래를 뿌린다. 모래가 양자의 마찰력을 증가시킨다. 최근에는 천연 모래보다 효과가 더 큰 산화알루미늄 입자를 보급하기도 한다.

>>> 셰일 오일 굴삭에 꼭 필요한 모래

미국은 2019년 9월, 70년 만에 수출량이 수입량을 웃도는 원유 순 수출국이 되었다. 2017년까지는 세계 1위의 원유 수입국이었던 미국이 지금은 세계 1위의 산유국이 되었다. 1949년 이래 70년 만의 일이다.

2016년 텍사스주에서 미국산 원유를 실은 탱크가 일본에 들어왔다. 미국이 오일 쇼크로 원유의 해외 수출을 금지한 이래 41

년 만의 일이다. 70년대의 오일 쇼크로 미국을 굴복시킨 산유국은, 이제 세계 시장에서 미국과 지분 쟁탈전을 해야 할 입장이 되었다.

미국 석유 생산의 주역은 비재래형 원유라는 셰일 오일과 샌드 오일이다. 간단하게 말해서 바위나 모래 속에 숨어 있는 석유다. 셰일 오일은 혈암, 이른바 셰일이 품고 있다. 층리가 종이처럼 얇고 잘 벗겨지는 성질의 암석이다. 지층 깊은 곳에서는 석유의 열 분해가 진행되어서 가스가 만들어진다. 이것이 셰일 가스(비재래형 천연가스)인데, 천연가스와 마찬가지로 쓰인다.

셰일 오일은 선사시대 때부터 '태울 수 있는 돌'로 사용되었지만, 기름을 빼내는 데 비용이 많이 들어서 오랫동안 실용화되지 못했다. 그런데 2000년대 초, 수압으로 깊은 암반에 균열을 만드는 수압 파쇄법, 이른바 '프랙킹'이라는 채굴 기술이 확립되었다.

원유 값이 뛰면서 가격 경쟁력에서도 대등해졌다. 2010년경부터 미국과 캐나다에서 석유 생산이 급증했다. '셰일 혁명'이라는 말이 생길 정도로 에너지 수급에 큰 변혁을 불러왔으며, 리먼 쇼크로 어려워진 지방 경제를 살렸다.

굴삭은 먼저 지하의 혈암 층(셰일 층)을 향해서 드릴로 1,000~5,000미터 깊이까지 수직 방향으로 판다. 여기서 수평으로 방향을 바꾸어서 2,000미터 이상 뚫고 나간다. 세로 구멍에서 가로 구멍을 향해서 화학 물질과 모래를 섞은 물에 높은 압력을 가해 송출하면, 혈암 층에 가는 균열이 생긴다. 이 균열에서 밖으로 빠져

나오는 기름을 회수하는 방식이다.

수압 파쇄법으로 원유 생산은 이미 거대 산업으로 성장했다. 2018년에는 노스다코타, 텍사스, 오하이오, 펜실베이니아주 등의 유전에서 하루에 800만 배럴의 원유와 막대한 양의 천연가스를 채굴했다. 미국은 사우디아라비아와 러시아를 앞지르고 세계 최대의 산유국이 되었다. 천연가스도 자급자족을 달성했다.

텍사스, 루이지애나, 콜로라도, 펜실베이니아 등 원유 산지인 주들에서는 채굴 관련 산업 붐이 일어났다. 원유 생산량에서 셰일 오일이 차지하는 비율이 2010년대에는 20% 정도였는데 2019년에는 68%까지 급증했다.

비재래형 원유 채굴에 꼭 필요한 것이 모래다. 수압 파쇄법에서 물에 섞어 지층에 주입하는 모래를 파쇄사(破碎砂)라고 한다. 수압 파쇄법으로 만든 균열은 주변 암반의 압력으로 없어지려고 하지만, 균열에 모래를 채우면 열린 상태를 유지하고 원유가 지나는 길이 막히지 않도록 꽉 잡아주는 역할을 한다.

셰일 오일 생산을 위해 셰일 유전 하나에서만 연간 2,000~4,000톤의 모래가 소비된다. 대형 탱크로 운반하면 200대 이상이 된다.

모래가 파쇄사로 쓰이려면 조건이 있다. 균열에 꼭 채워질 정도로 작고 기름이 잘 빠져나올 수 있도록 둥근 것이라야 한다. 게다가 아주 큰 압력에 견딜 수 있을 정도로 단단해야 한다. 성분의 95% 이상이 석영인 것이 바람직하다.

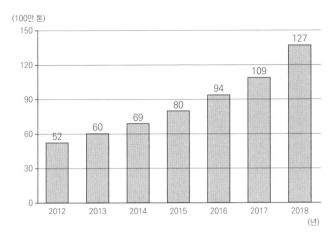

그림 3-3. 미국에서의 원유 생산 증가와 더불어 늘어나는 파쇄사의 생산량

출처: Rystad Energy, Drilling and Completions Webiner, 2019.

이런 조건에 맞는 모래는 위스콘신과 미네소타주의 석영사이다. 두 곳은 환경 규제가 비교적 느슨해 엄청난 양의 파쇄사를 공급하고 있다. 위스콘신주에서는 '샌드 러시' 붐으로 모래 광산, 가공 공장, 철도 하역 시설을 포함한 128개의 산업용 모래 시설이 만들어졌다.

파쇄사의 연간 수요는 미국에서만 약 1억 2,000만 톤, 과거 10년 사이에 6배 이상 증가했다(그림 3-3). 텍사스주 서부 등에서는 모래 공급업자, 대형 금융 회사, 투자가가 뒤엉켜 모래를 둘러싸고 새로운 토지 쟁탈전을 벌이고 있다.

그런데 2019년 말부터 신종 코로나바이러스가 세계적으로 유행하기 시작하면서, 세계 경제에 미치는 영향을 우려한 나머지 기름 값이 크게 떨어졌다. 그 영향으로 셰일 오일과 셰일 가스가 가격 경쟁력을 잃었다. 2020년 관련 기업의 1사분기 결산에서 주요 12개 회사 중 10개의 회사가 적자를 봤고, 관련 기업도 포함해서 도산하는 기업들이 속출했다.

석유 채굴이 야기한 문제

오일 셰일 굴삭에 따른 대기 오염, 수질 오염 등 여러 환경 문제가 지적되었고, 석유 산지에서는 석유 채굴 반대 운동이 활발해지고 있다. 소송도 다수 발생했다.

하나의 갱도를 수압 파쇄하기 위해서는 9,000~2만 9,000톤의 물이 필요하다. 갱도 안에는 중금속, 폴리아크릴아마이드 등의 유독 물질이 함유되어 있다. 물을 고압으로 주입하기 위해서 갱도 안에 깔아둔 파이프와 밸브 등에서 새어 나온 유독 물질이 지하수를 오염시킨다. 부근의 강이나 호수에서 유해 물질이 검출되는 사례도 많아졌다. 수도를 틀었더니 가스가 분출해서 화재를 일으킨 사건도 있다.

파쇄에 사용한 물은 땅속 깊은 곳의 유전에 그대로 남는다. 지질학 이론상 단층에 액체를 주입하면 윤활제 역할을 해서 거대한 바위가 서로 어긋날 수 있다고 한다. 2011년 오클라호마주에서는 2008년부터 수압 파쇄를 시작했는데, 이때부터 2011년까지 크고 작은 지진이 600번이나 발생했다. 그중에는 매그니튜드 5.7 규모의 지진도 있어서, 부상자가 발생하고 주택이 무너지는 피해가 있었다. 캔자스주와 텍사스주에서도 지진이 많이 발생하고 있다.

오클라호마주와 아칸소주에서는 주민들이 굴삭 사업자를 상대로 지진 피해에 대한 소송을 해서 배상금을 받고 화해했다. 두 주의 일부 지역에서는 파쇄 때 물 주입을 금지했다. 각지에서 환경 보호 단체 등이 수압 파쇄 금지 소송을 진행하고 있다. 한편 농가 등의 토지 소유자는 셰일 가스 개발로 막대한 수입을 얻을 수 있다는 이유로 수압 파쇄 금지에 반대하고 있다.

오일 셰일과 오일 샌드에서 석유를 짜내기 위해서는 대량의 에너지가 필요하다. 또한 굴삭을 하면 이산화탄소보다 25배나 강한 온실 효과를 초래하는 메탄가스를 대기 중으로 배출한다. 이는 같은 양의 원유 생산과 비교했을 때 지구 온난화 가스를 50%나 더 많이 배출하는 셈이 된다. 에든버러 대학교의 지질학자 스튜어트 하젤딘 교수는 "우리들은 저탄소 사회를 구축하기 위해서 연료 효율 향상, 대중 교통 이용 권장, 도시 계획 개선 등에 전념하고 있는데, 셰일 오일은 이러한 흐름에 역행하고 있다"고 반대파의 소리를 대변했다.

그럼에도 중국, 영국, 남아프리카 등 엄청난 양의 셰일 오일을 가지고 있는 나라들은 연달아 개발을 시작했고, 금세기 후반에는 세계 주요 에너지의 자리를 차지하게 될 것이다. 일찍이 원유 가격을 지배한 석유수출국기구(OPEC, Organization of Petroleum Exporting Countries)는 2019년 연간 보고서 「세계 석유 전망」에서, "미국의 셰일 오일 공급은 계속 확대될 것이며, 2020년대 중반까지는 OPEC산 석유의 세계 시장 점유율이 축소될 것이다"라고 예상했다. 10년 전이라면 상상도 할 수 없는 결론이다.

제4장

은밀하게 활동하는
모래 마피아

사르데냐섬의 모래 도둑

2019년 8월 이탈리아의 유명한 휴양지 사르데냐섬에서 관광을 즐긴 40대 프랑스인 커플이 귀국을 위해서 페리를 타려다 경찰에 체포되었다. 모래 절도 혐의였다. 들고 나오려고 한 14개의 페트병이 압수되었다. 안에는 약 40킬로그램의 흰 모래가 담겨 있었다.

사르데냐섬은 남청색 바다와 여기저기 흩어진 흰 모래사장으로 유명하다. 그런데 지역 당국에서는 매년 수 톤씩 줄어드는 모래 때문에 고민이 이만저만이 아니다. 그래서 2017년 법률로 모래를 '공공물'로 제정하고, 섬 밖으로 가지고 나가지 못하도록 했다.

결국 이 커플은 절도죄를 인정했고, 사르데냐섬 사사리 재판소는 그들에게 벌금 3,000유로를 선고했다. 이 사건 이전에도 영국에서 온 관광객이 해변의 모래를 훔쳤다는 이유로 1,000유로의 벌금형을 선고받았다.

일본에서도 모래사장의 모래나 산호, 조가비는 국유 재산이므로 가지고 나갈 수 없다. 특히 오키나와에서는 어업 조정 규칙으로 원형을 보존하고 있는 산호 채취를 엄격히 금하고 있다. 위반하면 최고 3개월 이하의 징역, 또는 200만 엔 이하의 벌금을 부과한다.

세계 각국에서는 갑자기 모래사장의 모래까지 '국유 재산'이라고 주장하기 시작했다. 여행의 추억으로 해변의 모래를 병에 담아와서 장식하는 사람도 많을 것이다. 그런데 나라에 따라서는 범죄가 되니 주의해야 한다.

문제는 이런 작은 범죄만이 아니라, 모래 마피아에 의한 대규모의 모래 절도가 세계적으로 횡행하고 있다는 사실이다. 유엔환경계획(UNEP)은 전 세계에서 매년 채굴되는 470억~590억 톤의 모래 총량 중 합법적으로 채취되는 것은 통계로 보아 150억 톤에 불과하다고 추정했다. 영국 애스턴 대학교의 로버트 매튜스 교수는 암시장에서 연간 1,000억 달러 규모의 돈이 움직이고 있다고 보았다.

UNEP의 보고서에 따르면, 불법으로 채굴한 모래는 말레이시아, 캄보디아, 멕시코, 카보베르데, 케냐 등 약 70개국에서 거래되고 있다. 이 중 인도, 인도네시아, 나이지리아, 이탈리아 등 적어도 12개국에서는 '모래 마피아'라고 불리는 강력한 범죄 조직이 모래 채굴과 매매에 관여하고 있다.

모래 마피아라고 해도 그 규모는 천차만별이다. 그중에는 수백 명 규모의 큰 무장 조직도 있다. 준설 기계를 장착한 배에서 흡입 펌프로 강바닥의 모래를 빨아들인다. 혹은 파워셔블이나 불도저로 강가의 모래를 끌어모아서 미리 준비해 둔 탱크차로 운반한다. 대형 건설 회사와 손을 잡고, 단속 사법 당국이나 감독 기관을 매수해서 당당하게 불법 행위를 하는 경우도 많다.

한편 한밤중에 몇 명이 모여서 채굴이 금지된 강가에서 맨손으로 모래를 끌어 담고, 짐수레로 운반해서 건설업자에게 파는 영세 마피아도 있다. 사람들이 잘 찾아가지 않는 곳에서 채굴하니 개발 도상국에서는 감시나 단속이 어렵다. 한 번 운반해 버리면 어디서 가지고 온 것인지 알 수가 없다.

도시화가 진행되는 인도

모래 마피아가 가장 깊이 뿌리를 내리고 있는 인도의 실정부터 보겠다. 유엔의 인구 통계에 따르면 인도의 인구는 2019년도에 13억 6,641만 명이었다. 2030년에는 15억 364만 명, 2050년에는 16억 3,917만 명으로 늘어날 것이라고 예측된다. 중국은 2019년 당시 14억 3,378만 명으로 세계 최고의 인구를 자랑했지만, 2027년경에는 인도보다 뒤처질 것이고(UN은 2023년 올해 안으로 인도 인구가 중국 인구를 추월할 것이라고 예측했다.-역주) 2030년대부터는 인구가 감소할 것이다.

20세기 전반까지 인도 인구의 90%는 농촌에 살았고, 진흙과 짚으로 엮은 집이 많았다. 그런데 유엔의「세계 도시 인구 예측」 2018년판에 따르면, 인도의 도시 인구는 2018년에 4억 6,100만 명으로 중국의 8억 3700만 명 다음으로 많았다. 인도의 도시화율은 34%에 달한다. 농촌과 도시의 지역 격차가 매우 심해 이후에도 계속해서 도시로 인구가 유입될 것이 확실하다. 2050년도까지 도시 인구는 배로 증가할 것이다.

인구 1,000만 명이 넘는 도시를 '메가시티'라고 하는데, 2018년 당시 세계 20개국에 33개나 있었다. 인도에는 뭄바이, 델리, 콜카타 세 개의 메가시티가 있다. 메가시티가 여섯 개 있는 중국 다음으로 많다. 2030년에는 아마다바드와 하이데라바드도 메가시티가 될 것이다.

일찍이 인도 독립 운동의 거점이기도 했던 뭄바이의 인구는 2018년에 1,980만 명이었지만, 2030년에는 2,457만 명으로 팽창할 것으로 유엔은 예측한다. 뭄바이는 원래 7개의 섬으로 이루어진 도시였는데 현재는 매립해서 하나로 이어져, 섬이 아니라 남쪽으로 뻗은 반도가 되었다.

지금은 인도의 경제 성장을 떠받치는 비즈니스의 중심지이고, 아시아 유수의 금융 중심지다. 인도는 신흥 경제 강국 BRICS(브라질(Brazil), 러시아(Russia), 인도(India), 중국(China), 남아프리카 공화국(South Africa)-역주) 5개국 중 하나이기도 하다. 경제 성장을 상징하는 200미터 이상의 고층 빌딩만도 12개. 현대적인 빌딩 숲 건너편에는 거대한 슬럼가가 펼쳐진다. 이곳은 옛날 그대로의 모습으로 남아 있다.

해외의 대형 자본은 현지 자본과 손을 잡고, 외관이나 내장이 서구와 다를 바 없는 초대형 슈퍼마켓과 쇼핑몰을 인도 국내 각지에 건설하고 있다. 소득이 증가한 신중산층이 표적인데 식료품, 의료, 일용품, 가전제품 등 판매하는 상품의 종류도 다양하다.

또한 연간 1,000편 이상의 영화를 제작하는 '발리우드'의 중심지로, 세계 최대의 영화 산업 도시이기도 하다.

인도에서 매년 사용되는 건설 골재의 양은 2000년부터 2018년에 걸쳐서 3배 증가했다. 2020년에는 14억 3,000만 톤이 될 것이라고 정부는 추정했다. 건설 골재는 빌딩, 고속도로, 항만, 공항, 댐, 철도 등의 생활 기반 건설에 사용되었다. 특히 매년 수천만 명이 농촌에서 도시로 이주하고 새로운 주택과 사무실 수요가 생기면서 모래 소비량이 증가했다.

어둠 속에서 맹렬히 활동하는 모래 마피아

제네바에 본부를 둔 '조직 범죄 방지 국제 이니셔티브'는 「인도 모래 마피아」(2019년)라는 보고서를 통해서, 세계 3위의 거대 건설 시장인 인도 사회에 깊이 침투한 모래 마피아의 실태를 폭로했다.

인도에서 '모래 마피아'라는 말을 사용할 때는 진짜 갱 이외에도 불법으로 모래를 채굴해서 이익을 얻는 출자자, 토목 건설업자, 채굴 노동자, 운반 차량의 운전사 등을 포함한다. 또한 이런 관계자들로부터 뇌물을 받는 정치가, 경찰, 중앙 정부와 지방 자치 단체의 관료도 포함한다.

인도에서는 중앙 정부가 모래 채굴의 양과 방법, 채굴 장소에 대해서 규제를 하고 허가를 받은 자들만이 채굴권을 부여받을 수 있다. 이것은 2012년 고등재판소에서 판결한 내용이다. 허가 없이 모래를 채굴했을 경우 징역 2년 이하 또는 2만 5,000루피(약 300달러) 이하의 벌금 또는 그 둘 다에 처해진다.

대도시에서는 급격한 인구 유입으로 유례 없는 주택 붐이 일어나 건설 러시가 시작되었다. 건설업의 시장 규모는 연간 약 1,800억 달러이고, 건설업에는 3,500만 명 이상이 고용되었다. 인도 경제 계획 위원회는 건설업이 인도 GDP의 9%를 차지한다고 보고 있다. 지금은 중국 다음으로 모래를 많이 소비하는 나라로 성장했다.

그런데 모래 수요는 항상 공급을 웃돌기 때문에, 이 규제는 크게 기능을 하지 못하고 있다. 오히려 암시장을 키워서 격심한 모래 쟁탈전으로 이어졌다. 모래 생산에 드는 비용은 인건비와 수송비가 대부분이다. 범죄 조직에 있어서 모래 거래는 달콤한 비즈니스다. 설탕에 달려드는 개미처럼 범죄 조직이 모래에 덤벼드는 원인이기도 하다.

단속의 눈을 피하기 위해서, 최근에는 한밤중에 잠수부가 물속으로 들어가 강바닥의 모래를 채취한다. 보도에 따르면 인도에서는 7만 5,000명의 노동자가 잠수부로 일을 하고 있다. 대부분 가난한 농민과 어부다.

뭄바이 시내를 흐르는 타네강 상류에서는 모래 마피아가 이 지역의 어부들을 고용해서 모래를 채굴한다. 수년 전까지는 수심 15미터 정도의 강바닥에서 모래를 얻을 수 있었지만 최근에는 더 깊게 들어가야 모래를 채굴할 수 있다. 그래서 귀에서 피가 나고 두통을 앓는 등 잠수병으로 고생하는 노동자가 늘어났으며, 잠수부가 목숨을 잃는 일이 끊이지 않는다.

모래 수요가 많을 때는 매일 200회 이상 잠수해서 양동이로 모래를 떠서 작은 배에 싣는다(사진 4-1). 작은 배에 실은 모래는 대형 배나 육지에서 대기하고 있는 트럭으로 옮겨 싣고 운반한다. 작은 배 하나에 모래를 가득 실으면 5달러 정도의 보수를 얻을 수 있는데, 이것이 인도 전국 평균 임금의 약 4배다.

이렇게 불법 채굴이 횡행해도 인도 국내의 모래 수요를 감당하지 못해서 모래 수입이 증가하고 있다. 2017년에는 말레이시아에서 정규 경로를 통해서 10만 9,000톤의 모래를 실은 배가 타밀나두주와 카르나타카주의 항구에 들어왔다. 아마 인도가 처음으로 수입한 모래일 것이다. 그 후에도 인도네시아와 필리핀에서 모래를 수입했다.

정부의 장기 계획에 따르면 2022년까지 적당한 가격의 도시 주

사진 4-1. 강에서 모래를 운반하는 인도의 노동자

출처: AP/Afro

택을 2,000만 호 건설하고, 동시에 도로와 철도 네트워크를 확대할 것이라고 한다. 여기에 필요한 모래는 어디서 가지고 올 것인가. 그들의 장기 계획 속에는 이 질문에 대한 답이 없다.

저널리스트에게 가장 위험한 나라

모래 마피아는 인도의 범죄 조직 중 특히 크고 강하다. 대도시에서는 건설 공사나 자재 비즈니스를 지배하고, 인도 각지의 강이나 바다에서는 함부로 모래를 채취해서 암거래를 한다. 조직은 정치가와 지방의 유력자만이 아니라 공무원, 경찰관, 노동조합 간부 등과도 연결되어 있다.

그들은 자신들에게 반대하는 저널리스트나 NGO 활동가, 때로는 단속하는 관리자나 경찰관에게 폭력을 가하고 살인도 마다하지 않는다. 인도의 환경 NGO 댐·강·사람의 남아시아 네트워크(SANDRP, South Asia Network on Dams, Rivers and People)에 따르면, 2018년 1년간 인도의 16개 주에서 적어도 28명의 NGO 활동가와 경찰관이 마피아에게 살해되었다. 이보다 몇 배는 많은 사람이 중상을 입었고 행방불명되기도 했다.

인도에서 모래 마피아가 횡행하고 있는 현실은 뭄바이의 환경보호 활동가 수메이라 압둘알리 습격 사건으로 세상에 알려졌다. 그녀는 공해 반대와 모래 불법 채굴 반대 운동의 선두에 서서 싸웠다. 압둘알리는 NGO 아와즈 재단의 창설자로 수많은 상을 수상한 세계 환경보호단체의 리더 중 한 사람이었다. 그녀는 2010년 다른 활동가들과 함께 모래 마피아를 고발할 목적으로, 마하라슈트라주 라이가드 지구에서 불법으로 모래를 채굴하는 현장을 사진과 비디오에 담았다.

모래 마피아의 차는 그녀의 차를 추격했지만 그녀는 아슬아슬하게 도망쳤다. 그녀는 그 후에도 모래 문제를 가지고 유엔 등에서 활발한 활동을 이어나갔다. 2012년 유엔 생물다양성협약 체결국 회의에서는 "도처에서 마피아가 모래를 강탈하고 있다. 고아, 케랄라주 등의 관광지의 해변도 그 피해를 입고 있는데 정부와 경찰은 보복이 두려워서 입을 다물고 있다"고 규탄했다. 2013

년에는 다큐멘터리 영화 〈모래 전쟁〉 제작에 협력해서 모래 쟁탈전이 벌어지고 있는 현실을 세계에 알렸다.

한편 보도의 자유 옹호를 목적으로 하는 국제 저널리스트 조직 국경 없는 기자회(RWB, Reporters Without Borders)에 따르면, 인도에서는 1992년부터 2020년까지 저널리스트 48명이 살해되었고 34명이 살해의 표적이 되었다. 이 중 44명이 모래 분쟁 때문에 공격당했다고 추정된다. 피해자는 신문기자, 카메라맨, 다큐멘터리 작가, 텔레비전 리포터 등이다.

위험에 노출된 저널리스트의 보호 활동을 하고 있는 국제 NGO 언론인보호위원회(CPJ, The Committee to Protect Journalists)는 이런 사건으로 체포되고 유죄 판결을 받은 것은 1건에 불과하다며 정부와 경찰의 무기력을 규탄했다.

RWB의 아시아태평양 지부장 다니엘 바스타드는 이렇게 말한다.

"인도의 모래 산업은 부패했다. 경찰관과 정치가 등 많은 공직자들이 직권을 남용해서 이익을 꾀하고 있다. 이 문제를 추구하는 저널리스트는 생명의 위협을 느끼고 있다. 인도는 저널리스트가 가장 많이 살해된 나라 중 하나이다."

살해된 사람들

내 손에는 살해된 48명의 인도인 기자 리스트가 있다. 이름을 더듬어보면서 새삼스럽게 그 숫자에 충격을 받는다.

리스트 속에서 한 희생자를 기억했다. 자겐드라 싱 기자는 2015년 6월 우타르프라데시 주 샤자한푸르의 자택에서 살해되었다. 그는 15년간 신문사에서 일했고, 이후 프리랜서로 활동했다. 싱은 팔로워 수가 5,000명이나 되는 SNS를 통해서 주(州)정부의 정치 부패를 추궁했다. 특히 모래 마피아와 짜고 불법 거래를 하며, 복지 시설에서 일하는 여성 직원을 강간하는 등 안하무인이었던 이 지역의 복지부 장관을 겨냥했다.

싱이 살해되던 날 밤, 그의 집에 침입한 경찰관과 마피아 조직원이 이후 다시는 장관에 관해 보도하지 말라고 그를 협박했다. 이를 거부하자 그에게 등유를 뿌리고 불을 붙였다. 싱은 병원으로 이송되었지만 심한 화상으로 고통 속에서 신음하다 1주일 후 사망했다.

인도의 작은 도시에서 발생한 사건이 전국적으로 보도되는 일은 아주 드물지만, CPJ와 동료들이 이 사건을 추궁했다. 중앙 정부에도 조사를 요구했다. 그러나 장관은 모든 사실을 부정했으며, 경찰은 검시 보고서에서 이 사건을 자살로 결론지었다.

인도 중부의 마디아프라데시주 빈드를 거점으로 활동하고 있던 프리랜서 저널리스트 산딥 샤르마는 2018년 3월 오토바이로

귀가하던 중 덤프트럭과 충돌해서 사망했다. 그는 모래 마피아의 불법 채굴 활동에 관한 기사를 쓰고 있었다. 마피아의 협박을 받고 경찰에 보호를 요청한 적도 있다.

그는 모래 마피아가 국립 삼발 보호 구역에서 불법으로 채굴한 모래를 수송하기 위해서 1만 2,500루피(약 153달러)의 뇌물을 경찰관에서 건네고 있는 현장을 몰래 촬영했다. 사건이 발생한 후 마피아와 관계가 있는 건설 회사의 운전기사가 체포되었지만 그는 사고였다고 주장했고, 결정적 증거가 없어서 석방되었다.

2020년 6월에는 우타르프라데시주의 『캄푸 메일Kampu Mail』지의 기자 슈브함 마니 트리파티가 오토바이를 타고 가다 3명의 습격을 받아 6발의 총탄을 맞고 죽었다. RWB는 "그는 죽기 수일 전에 신변의 위협을 느낀다는 글을 페이스북에 올렸다"고 발표했다. 그의 죽음은 모래 마피아가 불법으로 토지를 점령하고 모래를 채굴하고 있다는 사실을 폭로한 것이 원인으로 보인다.

물론 경찰관 중에서도 희생자는 많다. SANDRP가 밝힌 28명의 희생자 중에도 경찰관 3명의 이름이 있었다. 인도 중앙부에 위치한 마디아프라데시주에서 경찰관이 모래 마피아의 덤프트럭을 멈춰 세우려다가 덤프트럭에 깔려 죽었다. 또 한 경찰관은 마피아의 덤프트럭을 세우고 차 안으로 뛰어 들어갔지만 총에 맞아 죽었다. 세 번째 사건에서는 경찰관이 단속을 하다 마피아 몇 명에게 집단 폭행을 당했고, 병원으로 실려 갔지만 사망했다.

같은 해 8월에는 라자스탄주의 경찰이 자이푸르에서 불법으로 모래 채취를 하고 있는 모래 마피아의 거점을 습격해서 25명을 체포했다. 트럭 40대와 트랙터 20대도 압수했다. 그런데 검거 작전은 총격전으로 이어져 마피아 측 2명이 사망하고 경찰관 2명이 중경상을 입었다. 동시에 마피아로부터 뇌물을 받은 경찰관 4명도 체포되었다.

농촌은 실업률이 높아서 조직원을 모집하기가 쉽다. 그들은 채굴과 운반뿐만 아니라, 폭력을 담당하기도 했다. 그들은 단속하는 공무원이나 경찰관, 반대하는 시민들을 협박하고 폭력을 휘둘렀다. 우타르프라데시주와 마하라슈트라주에서는 모래 마피아가 살인 청부업자를 고용해서 한 사람당 2만 루피(약 250달러)에 살해를 청부했다고 밝혔다.

우타르프라데시주의 어느 지역에서는 경찰이 마피아와 연결되어 있어서 매일 '수당'을 받고 마피아의 범죄를 눈감아 주었다. 체포되어도 경찰의 압력으로 무죄 판결을 받는 경우가 많았다. 살해된 어느 저널리스트의 경우, 범죄 현장에 목격자가 있었는데도 자살로 처리되었다.

인도의 경찰관 수는 인구 10만 명 당 약 150명(일본은 약 220명)으로 적고 급여도 많지 않아서, 범죄 조직과 유착해서 수당을 받는 일이 적지 않다. NGO 활동가에 따르면 모래 마피아의 범죄를 경찰에 신고해도, 사전에 정보가 흘러나가 범인이 도망가는 일이 숱하다고 한다.

2013년 히말라야의 산기슭에 있는 우타라칸드주에서는 집중 호우와 눈사태로 괴멸적인 홍수와 산사태가 발생해서, 6,000여 명(추정)이 숨지고 11만 명이 군의 도움을 받고 대피했다. 현지를 조사한 미국 유타 대학교의 연구 팀은 보고서에서 "급하게 관광 시설을 조성하고 도로와 댐 건설 등을 위해서 대량의 모래를 채굴한 결과, 물의 흐름이 크게 바뀌어서 재해를 악화시켰다"라는 결론을 보고했다.

중국 티베트 자치구와 인접한 인도 북부의 우타라칸드주 데라둔에서는, 2016년 톤강의 다리가 모래 트럭의 무게를 견디지 못하고 무너져 2명이 숨졌다. 같은 해 뭄바이 교외에서도 다리가 붕괴해서 버스 2대가 강으로 추락하고 27명이 사망했다. 모두 모래 채굴로 교각이 노출되어서 발생한 사고이다.

2018년 8월에는 몬순과 집중 호우로 남인도 케랄라주에 심각한 홍수가 발생했다. 이 지역에서는 약 100년 만에 경험한 대규모 홍수였다. 이 홍수로 483명 이상이 숨지고 14명이 실종됐으며, 며칠 동안 약 100만 명이 대피했다. 국제적 자연 보호 조직인 세계야생생물기금(WWF, World Wide Fund for Nature)은, 대규모 모래 채굴로 강의 흐름이 크게 바뀌었고 또한 강변의 모래가 없어져서, 제방이 물 흐름의 직격탄을 맞고 무너졌다고 발표했다.

모래를 둘러싼 아프리카의 분쟁

경이적 인구 증가가 계속되고 도시화가 진행되고 있는 아프리카에서도 모래 자원을 둘러싼 사건이 발생하고 있다.

케이블TV 방송국 디스커버리 채널에서 서바이벌 전문가 에드 스태퍼드의 프로그램 〈고독한 생존가〉를 보고 있었다. 인공위성 화상으로 정체를 알 수 없는 지상의 지형이나 물체를 찾아서 현장을 탐험한다는 설정이다. 이 프로그램의 목표는 남부 아프리카의 잠비아 서부 초원에 흩어져 있는 둥근 큰 구멍이었다. 마치 배양기의 배지 위에서 증식하는 세균처럼 보였다.

나는 일찍이 잠비아에서 거주했었기 때문에, 그 현장으로 향하는 도중의 마을까지는 가본 적이 있다. 스태퍼드는 마을을 출발해서 정글로 들어가 보트를 타고 수상한 둥근 구멍이 있는 곳에 도달했다. 구멍의 정체는 모래를 채굴한 흔적이었다. 이런 깊은 곳까지 모래 채굴의 검은 손이 뻗고 있다는 사실에 충격을 받았다.

나는 과거 40년간 일본과 아프리카를 수차례 왕복했는데, 방문할 때마다 도시의 급성장에 놀라움을 금하지 못했다. 과거 25년간 연 3~5%의 높은 경제 성장률을 자랑했고 아시아를 잇따르는 성장 거점이기도 했다. 많은 나라에서 건축 러시가 시작되었고 고층 빌딩도 증가했다. 이제는 모래와 무관하지 않게 되었다.

인터넷으로 검색하면, 2000년대 중반부터 모래와 관계된 사건이 아프리카 각지에서 표면화된 것을 알 수 있다. 최근에는 북부

아프리카의 모로코, 튀니지, 동부의 케냐, 우간다, 탄자니아, 소말리아, 서부의 나이지리아, 감비아, 라이베리아, 세네갈, 시에라리온, 남부의 모잠비크, 남아프리카 등에서 벌어지는 일들이 유명하다.

모래를 둘러싼 전형적인 분쟁은 감비아에서 발생했다. 이 나라는 세네갈 국토 한가운데에 낚싯바늘 같은 모양으로 자리 잡고 있다. 113만 헥타르의 크기에 약 230만 명이 사는, 아프리카 대륙에서 가장 작은 나라다. 이런 곳에까지 모래를 채굴하는 사람들이 몰려들었다. 나라 한가운데를 흐르는 감비아강이 대량의 모래를 가져다주니, 모래는 농작물과 더불어 중요한 수출품이다.

그런데 모래의 과잉 채굴로 강바닥이 낮아져, 만조 시에는 바닷물이 역류해서 경작지까지 흘러 들어온다. 농민들은 채굴을 멈추라고 정부에 호소하지만, 정부는 모래 채굴을 옹호하고 있어서 농민들과 끊임없이 충돌하고 있다.

2017년 6월 수도 반줄에서 약 50킬로미터 떨어진 파라바 반타 마을에서는 정부와 농민 양측의 무력 충돌이 있었다. 농민들은 채굴 기계와 트럭을 파괴했고, 치안 부대가 발포한 총에 2명이 사망했다. 2018년 6월에도 이 마을에서 충돌이 일어났다. 치안 부대의 총격으로 원주민이 2명 살해되고 6명이 부상을 입었다. 조사를 한 국제 인권 단체 휴먼 라이츠 워치(HRW, Human Rights Watch)는 과잉 진압이라고 정부에 항의했다.

서구와 아시아 여러 나라의 모래가 바닥을 보이자, 아직은 모래가 남아 있는 아프리카 깊은 곳까지 채굴의 검은 손이 뻗었다. 모래를 둘러싼 분쟁이 격해질 것 같아서 걱정이다.

나이지리아의 발전

도시화가 늦게 시작된 아프리카에서도 인구가 급격히 도시에 집중되고 있다. 특히 아프리카 대륙에서 최대 약 2억 명의 인구를 지닌 나이지리아에서 인구가 급격히 도시로 집중되고 있다. 수도였던 라고스는 석호 지대에 떠 있는 섬을 중심으로 발전해 왔다. 1950년 당시 라고스 인구는 32만 명으로 카사바밭으로 둘러싸인 마을이었다.

내가 처음 방문했던 1970년대 말, 원유 가격이 급등하면서 산유국인 나이지리아의 경제는 활발하게 움직였고 빌딩이 마구 들어서고 있었다. 이후 나이지리아는 놀라울 정도로 고도성장하며 경제 대국이 되었다. 그 원동력이 된 원유의 생산량은 2019년 세계 12위였다.

그런데 범죄가 자주 발생하고 테러가 빈번하게 일어나면서 민족 분쟁이 격화되었고, 게다가 정치 부패가 더해져서 치안이 악화되었다. 일본 외무성 해외 안전 정보에 따르면, 나이지리아의 대도시에는 대부분 3단계(도항 중지 권고) 또는 4단계(대피 권고) 경보가 발령되어 있다고 한다. 유괴, 강도, 절도, 사기 등도 많다. 나 자신도 아프리카 체재 중 나이지리아 사기 그룹이 만든 위조 수표로 어려움을 겪은 적이 있다.

1991년에는 일본의 건축가 단게 겐조(丹下健三)가 설계한 도시 아부자로 수도를 이전했고, 라고스는 상업 도시가 되었다. 2000년도의 아부자 인구는 약 720만 명이었는데, 지금은 약 1,300만 명을 초과해서 도쿄 수준이다. 카이로와 어깨를 나란히 하는 아프리카 유수의 메가시티로 성장했다. 중심가에는 고층 빌딩이 숲을 이루고 유명 브랜드의 가게가 줄을 지었다.

농촌과 이웃 나라로부터 직장을 구해서 찾아오는 인구도 끊이지 않는다. 유엔은 아부자가 2025년에는 인구 1,580만 명, 2050년에는 3,263만 명, 2100년에는 8,830만 명인 세계 최대의 초거대 도시가 될 것이라고 예측했다.

그런데 거리를 조금만 벗어나면 거대한 슬럼가가 펼쳐진다. 노점이 북적이는 중심가는 사람들로 혼잡하고, 음식과 헌 옷을 팔고 가격을 흥정하는 고함 소리로 가득하다. 여기에 자동차가 경적을 울리면서 달려온다. 아마 세계에서 가장 교통이 혼잡한 도시 중 하나일 것이다. 배기가스 냄새가 코를 찌른다.

사람들은 거리에서 밀려나, 해안의 매립지와 해상에는 고상식(高床式) 가옥이 빼곡하다. 이곳이 세계 최대의 슬럼가 마코코이다. 바닷가는 쓰레기와 오수로 위생 상태가 최악이다.

라고스를 메가시티로 만든 콘크리트의 모래는 어디에서 왔을까. 최대의 모래 공급지는 라고스 동쪽 해안을 따라 펼쳐진 석호

사진 4-2. 모래를 운반하는 나이지리아 노동자

나이지리아에서는 노동자가 해저에서 손으로 모래를 끌어 담고 운반한다.

출처: ⓒRobin Hammond/Panos Pictures

지대이다. 길이는 50킬로미터 이상, 폭은 3~13킬로미터, 호수면의 면적은 약 6,400제곱킬로미터로 광대하다. 모래섬이 대서양을 가로막고 있다. 최근에는 라고스에서 도시·공업 배수가 대량으로 흘러 들어와 수질이 악화되었다.

석호 지대 주변에는 레키, 에페, 오호, 바다그리 등 수십 개의 모래 언덕이 있는데, 모래 채굴업자들이 이곳으로 모여들었다. 거대한 준설선을 이용해서 연간 9,000만 톤 이상의 모래가 채굴되고 있는 것으로 추정된다(사진 4-2). 이뿐만이 아니다. 호숫가의 모래가 고갈되어서 호수 바닥의 모래까지 채굴하기 시작했다.

우연히 이 광경을 목격한 적이 있다. 석호 호숫가를 산책하고 있는데, 모래사장에서 100명 이상의 아이들이 양동이를 들고 호수에 들어가 모래를 퍼서 배 위로 옮겼다. 강가에는 배에서 싣고 온 모래가 거대한 산을 만들었고, 덤프트럭이 모래를 운반하고 있었다. 마피아 조직이 아주 적은 자금으로 아이들을 고용하고 있다고 했다.

호숫가에는 거대한 모래 산이 무수하게 만들어져 있었다. 나이지리아 국내만이 아니라 아랍에미리트연합 등으로도 수출한다고 했다. 이 부근에서는 모래에 시멘트를 섞어서 틀에 담아 벽돌을 만들고 있었다.

호숫가와 호수 바닥이 망가져서 어획량이 급감했다. 호수로 물이 흘러 들어가는 강에 설치된 다리의 교각 주변의 모래까지 채취해서, 다리가 붕괴하는 등 생활 기반 시설에서도 피해가 현저하다. 라고스 주정부는 홍수 방지와 석호 생태계 보호를 이유로 2018년 4월 30일부로 모든 모래 채굴을 금지했다. 그러나 야간에 채굴되는 경우도 많아서 채굴 금지는 효과를 발휘하지 못하고 있다.

주민을 갈라놓는 모래 채취

2017년 12월 어두운 밤, 차보 국립공원과 인접한 마쿠에니 카운티 킬로메에서 사건이 발생했다. 케냐의 수도에서 남서쪽으로 약 80킬로미터 떨어진 곳이다. 무오니 강에서 마을 사람 3명과 운전기사가 모래를 차로 옮겨 싣고 있는데, 갑자기 젊은이 무리가 습격을 가했다.

그들이 트럭에 불을 질러 운전기사를 비롯해서 2명이 타 죽었다. 도망쳤던 한 사람은 화살에 맞아 죽었다. 현지의 경찰서장이 기자회견에서 "이해할 수 없는 잔인한 살인"이었다고 할 정도로 처참한 현장이었다.

가난한 사람들이 사는 인구 100만 명의 마쿠에니 카운티에서는, 2015년부터 경찰관과 정부 관계자를 포함해서 적어도 9명이 살해되었고 수십 명이 부상을 입었다. 그중에는 젊은 남자 일당이 경찰관을 덮쳐서 독화살로 위협을 가하고 큰 낫으로 눈을 찔러 죽이는 사건도 있었다. 원인은 모래 채굴을 둘러싼 분쟁이다.

케냐에서도 도시는 경이로운 속도로 성장하고 있다. 수도 나이로비의 인구는 1963년에 독립한 이래 10배로 증가해서 현재는 470만 명이 넘는다. 높이가 약 300미터나 되는, 아프리카 대륙에서 가장 높은 트윈타워 빌딩 '더 피너클(The Pinnacle, 첨탑)'을 비롯해서 고층 빌딩과 대형 쇼핑몰이 차례차례 모습을 드러내고 있다.

모래는 아무리 많아도 부족하다. 대형 건설 회사는 나이로비 가까이의 마쿠에니 카운티로 눈을 돌렸다. 여기 강가에는 아직 손이 닿지 않은 모래가 잠들어 있었다. 원주민을 고용해서 모래를 채취하고 도시 건설 현장으로 옮기기 시작했다. 가난한 사람들에게는 이 일이 귀중한 수입원이 되었다.

여기서 새롭게 물 전쟁이 표면화되었다. 케냐에서는 최근 전국 적 가뭄이 간헐적으로 이어져, 주민도 가축도 물 부족으로 어려움을 겪고 있다. 마쿠에니 카운티를 흐르는 강도 건기에는 말라서, 강변에 우물을 파고 우기에 괸 지하수로 견디고 있다.

강가나 얕은 여울의 모래를 고갈시킨 채굴업자는 재방을 파괴 해서 강의 수면을 넓히고 수위를 낮추어서 강바닥의 깊은 곳에서 도 모래를 채굴하기 시작했다. 이로 인해 지하수 수위가 내려가 우물이 말라버렸고, 건기에는 물이 너무 부족해 가축도 기르지 못하게 되었다.

주민의 모래 채굴 반대 운동이나 NGO의 지원도 있어서, 2015 년에는 카운티 정부가 허가 없이 채굴하는 것을 금지했다. 그러나 불법 채굴은 밤낮을 가리지 않고 계속되었다. 모래 채굴을 반대하 는 지역의 젊은이들은 모래 채굴장에서 일하는 마을의 운전기사 나 뇌물을 받고 불법행위를 눈감아 주는 경찰관에게 분노의 화살 을 돌렸다. 이것이 살인으로 이어졌다.

그래도 케냐의 모래 수요는 지금도 증가하고 있다. 유엔은 2017년 4,970만 명이었던 케냐 인구가 2050년에는 8,500만 명 으로 늘어날 것으로 예측한다. 2019년 440만 명이었던 수도 나 이로비의 인구는 2050년 1,425만 명으로 증가할 것으로 추측한 다. 빌딩, 고속도로, 철도, 신도시 건설 등의 국가 프로젝트도 엄청 나게 진행되고 있다. 따라서 지금부터 모래를 둘러싼 분쟁이 본격 화될 것으로 보인다.

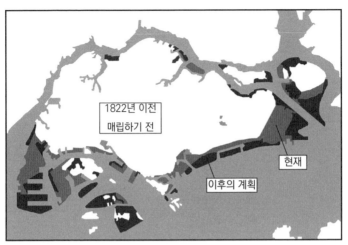

그림 4-1. 매립으로 확대되는 싱가포르의 국토

출처: Singapore Land Authority

싱가포르의 발전

싱가포르는 이웃 나라로부터 모래를 긁어모아 국토를 확장한 '모래 위의 국가'이다(그림 4-1). 1965년 독립 이래 매립으로 국토 면적이 이전의 4분의 1이나 확대되었다. 1965년 독립 당시 575 제곱킬로미터였던 땅이 2018년에는 722제곱킬로미터가 되었다. 이후 장기 계획으로는 100제곱킬로미터를 더 매립할 예정이다. 독립 당시 싱가포르의 인구는 약 189만 명이었고 현재는 약 564만 명이다.

최근 싱가포르를 이야기할 때는 항상 '초현대적인'이라는 형용

사진 4-3. 기발한 디자인의 마리나 베이 샌즈

출처: unsplash

사가 따라붙는다. 2011년에 완성되고 얼마 되지 않은 종합 리조트 마리나 베이 샌즈를 바라보았는데, 그 표현이 딱 들어맞았다. 높이 200미터인 고층빌딩 3개 위에 거대한 배를 올린 것 같은 기발한 디자인이다(사진 4-3). 주변의 초고층 빌딩군도 독특한 설계다.

　이 빌딩은 세계 최대의 카지노를 중심으로 객실 2,561개를 갖춘 호텔, 쇼핑몰, 미술관, 극장 등을 포함한 복합 리조트이다. 옥상의 공중 정원 샌즈 스카이파크에는 세계에서 가장 높은 곳에 위치한 수영장이 있다. 여기서 수영을 했는데 마치 공중에서 유영을 하는 것 같았다. 심한 고소공포증을 앓고 있는 나는 무서워서 죽을 것만 같았다.

유럽의 왕후 귀족으로부터 '수에즈 동쪽에서 가장 멋진 호텔'로 인정을 받은 래플스 호텔은 영국의 식민지 시기였던 1887년에 바닷가에서 개업했다. 당시 숙박객은 눈앞의 모래사장에서 해수욕을 즐길 수 있었다.

지금은 해안을 매립해서, 호텔은 바닷가에서 수백 미터나 멀어졌다. 매립지는 마리나 센터가 되었고, 고급 호텔과 레스토랑, 오피스 건물이 즐비하다.

싱가포르는 섬나라로 본섬 주롱을 비롯해서 63개의 섬으로 이루어져 있다. 본섬은 원래 말레이반도 남부에 자리 잡았던 조호르 왕국 영토의 일부로, 말레이 어민과 농업을 일군 화교들이 살고 있었다.

19세기 전반, 동남아시아와 중국의 무역 중계 기지를 찾고 있던 영국의 동인도회사는 이곳의 전략적인 위치에 주목했다. 먼저 상인들이 묵을 수 있는 여관을 건설했고, 급기야 1826년에는 영국의 식민지가 되었다. 해상 교통의 요충지라는 지리적 이점 덕분에 자유 무역항으로 동남아시아만이 아니라 각국으로부터 많은 배가 잠시 머물렀다 가는 국제항으로 발전했다. 그때부터 항구를 확장하기 위해서 매립이 시작되었다. 당시에는 높은 평지의 흙을 가지고 왔다.

주롱섬이 발전하면서 주변국으로부터 말레이인, 혼란스러운 청나라의 화난(華南, 화이허 또는 양쯔강 이남 지역을 가리키는 명칭) 지역에서는 푸젠성 사람과 광둥성 사람, 객가 등의 중국인, 주석 광산에서 일하는 인도인들이 이주해 왔다. 여러 나라의 사람들이 모여 사는 지금의 싱가포르의 원형은 여기서 시작되었다.

2차 세계대전 중에는 일본이 싱가포르를 점령해서 '쇼난도(昭南島)'라고 개명을 하고 군사 정치를 펼쳤다. 전후 1959년에는 영국 연방의 자치주가 되었고, 1963년에는 말레이시아 연방의 한 주로 독립했다.

그런데 1964년 말레이인과 중국인들이 대립하면서 말레이시아 연방으로부터 추방되었다. 이에 1965년 인민행동당(PAP, People's Action Party)을 이끄는 리콴유가 싱가포르를 독립시켰다. 그는 '건국의 아버지'로서 31년에 걸쳐서 수상의 자리를 지켰다. 지금의 싱가포르는 그의 손으로 건설된 것이다.

2019년에는 1인당 명목 GDP가 6만 5,000달러로 세계 8위였다. 당시 일본(26위), 미국(9위)보다 순위가 위였다(2019년 1인당 명목 GDP 순위에서 일본은 27위, 미국은 7위였다.–역주) 영국의 교육 전문지의 대학 랭킹에서도 일본 도쿄 대학교가 36위였는데 싱가포르 국립대학교는 25위였다.

그런데 싱가포르에는 '밝은 북한', '개발 독재'라는 험담이 따라다닌다. 리콴유는 독재적 국가 운영을 강행했다. 언론을 통제해서 정치 비판은 할 수가 없다. 지금의 수상은 그의 장남 리셴룽으로, 사실상 세습이다.

이뿐만이 아니다. 일상생활에서도 엄격한 규제를 한다. 껌을 휴대하거나 담배를 버리거나 동성애를 하거나, 공공 화장실에서 물을 내리지 않으면 벌금을 문다. 채찍질형도 남아 있다. 이런 이유로 싱가포르는 일본과 더불어 세계에서 가장 치안이 좋은 나라라고 한다.

세계 최대의 모래 수입국이 되다

독립과 더불어 주택용, 공업용, 상업용 등의 토지가 부족해서 매립이 본격화되었다. 싱가포르의 도심부는 슬럼가였고, 독립 당시 인구 밀도는 1제곱킬로미터당 2,640명으로 많은 주민이 열악한 생활 환경 속에서 살고 있었다. 2020년의 인구 밀도는 8,136명이다.

독립 후 싱가포르 정부는 가장 먼저 국민 모두에게 좋은 집을 제공하고자 노력했다. 이 정책은 성공했고, 지금은 세계의 본보기라고 할 만큼 근대적 고층 공공 주택이 도심부에 세워져 있다.

1959년에는 공공 주택에 사는 사람이 8.8%에 불과했지만, 2018년에는 전 국민의 80%가 공공 주택에 입주했다. 그래도 새로운 주택을 건설할 땅이 부족해지자 고층화를 진행함과 동시에 도심에서 교외로 주택 부지를 넓혀나갔다. 현재도 토지는 부족하다. 싱가포르는 경제 발전을 유지하기 위해서 국토를 확대할 수밖에 없다.

1981년에는 맹그로브 습지를 약 2제곱킬로미터 매립해서 창이 국제공항을 건설했다. 여기에 5,200만 세제곱미터의 모래가 투입되었다. 공항은 그 후에도 확장되고 있다. 공업 용지 부족이 다시 문제가 되었고, 남서부의 작은 섬 7개를 매립해서 하나로 합쳐 주롱섬이 조성되었다.

2008년 싱가포르는 세계 3위의 석유 거래 및 정유 허브로 성장했다. 석유 산업에는 거대한 용지가 필요하고, 싱가포르의 석유 관련 시설은 거의 모두 주롱섬에 집중되어 있다.

국토 확장을 위해서 막대한 양의 모래가 투입되었고, 창이 국제공항이 완공된 1980년대 초기에는 국내산 모래를 거의 소진해서 모래를 대규모로 수입하기 시작했다. 유엔환경계획(ENEP)은 보고서에서 "싱가포르는 과거 20년간 5억 1,700만 톤의 모래를 수입했고, 연간 8억 2,300만 달러를 지불해 온 세계 최대의 모래 수입국"이라고 밝혔다.

싱가포르가 국토를 확장하기 위해서는 동남아시아에서 모래를 수입할 수밖에 없었다. 싱가포르는 주변국으로부터 돈을 벌기 위해서 찾아온 노동자들을 모으고, 동시에 자원도 끌어모았다. 리콴유는 일찍이 이런 연설을 한 적이 있다.

"이 나라의 발전을 위해서는 모래와 노동력을 이웃 나라로부터 끌어오는 것이 필수 조건입니다."

그런데 싱가포르의 집중적 모래 수입은 이웃 나라의 강한 반발을 초래했다. 탐욕스럽게 모래를 수입해 온 것의 결과다. 인도네시아, 말레이시아, 베트남 등 싱가포르에 모래를 수출해 온 나라의 정부는 차례차례 싱가포르 모래 수출을 제한하고 금지했다. 특히 수출량이 많았던 인도네시아가 모래 수출을 규제하자, 싱가포르는 큰 충격을 받았다.

싱가포르의 모래 수입을 보고 있으니, 일본이 1970~80년대 동남아시아로부터 열대목을 대량 수입했던 것이 기억난다. 한 나라의 숲에서 나무를 모조리 베고 나면, 다른 나라로 이동해 또다시 대량의 나무를 벌채해서 국제적 비난의 대상이 되었다. 이와 마찬가지로 싱가포르도 차례차례 수출국을 바꾸면서 모래 채굴을 이어가고 있다.

이웃 나라가 일제히 모래 수출을 금지하자, 싱가포르의 모래 수입량은 2018년 하반기 이후 크게 감소했다. 2018년 모래의 수입액은 5월까지 월평균 약 6,300만 달러였는데, 6월 이후 약 600만 달러로 급감했다.

서부의 투아스에서는 세계 최대급의 컨테이너 터미널을 건설하고 있다. 현재는 컨테이너 터미널이 국내 5곳으로 분산되어 있는데, 투아스 항구로 집중하는 것이 목적이다. 단계적으로 확장해서 2040년에 완공하는 것이 목표다.

매립에 따른 터미널 조성 면적은 387헥타르(축구장 540개 크기), 암벽의 총연장 길이는 8.6킬로미터나 된다. 조만간 완공 예정인 제1기 공사만으로도 8,800만 세제곱미터의 토사가 사용된다. 모래는 과연 어디서 확보할 수 있을까. 이뿐만이 아니다. 싱가포르 매립지는 수심이 깊은 해역까지 이르러 면적당 모래 투입량이 대폭 증가했다.

각국에서 모래 수출을 금지하자, 싱가포르는 모래를 국가 차원에서 비축하고 있다. 모래를 석유급의 전략적 자원으로 생각하고 있음을 알 수 있다.

싱가포르에 모래 수출을 금지한 세 나라

싱가포르에 모래 수출을 금지한 세 나라의 사정을 보자.

>>> 인도네시아

인도네시아 정부는 2007년 환경 악화로 이어지는 싱가포르로의 모래 수출을 금지한다는 결의를 발표했다. 당시 싱가포르는 매립을 위해서 연간 약 600만~800만 톤의 모래를 사용했는데, 그 90%를 인도네시아로부터의 수입에 의지했다.

인도네시아가 수출을 금지하자 1톤당 모래 가격은 25싱가포르달러(약 16.4달러)에서 60싱가포르달러로 뛰었다. 콘크리트의 가격도 3배 가까이 뛰어올랐다. 20개가 넘는 일본 기업이 싱가포르의 대형 카지노 리조트 2개와 오피스 빌딩, 고층 주거 단지 등의 건설 프로젝트에 관여하고 있어서 엄청난 타격을 받았다.

이에 싱가포르 정부는 비축했던 모래를 방출했다. 거기에 공공 프로젝트에서 사용할 모래의 가격 상승분 중 75%를 부담했으며, 민간 부문에도 같은 조치를 취했다. 또한 대체 골재를 늘리고 모래 의존도를 줄였으며, 다른 지역으로부터의 모래 수입을 늘려서 대응했다.

인도네시아는 그 4년 전인 2003년, 싱가포르에 대해서 바닷모래 수출을 금지했다. 인도네시아 해군은 2002년 싱가포르 해협의 인도네시아 측에 위치한 두리안 해협, 카리문섬 앞바다, 빈탄섬 앞바다에서 바닷모래를 채굴하고 있는 인도네시아 국적의 준설선과 수송용 끌배를 모두 포함해 7척을 나포한 적이 있다.

이 배들은 인도네시아에서 바닷모래를 채굴해서 싱가포르의 창이 공항, 주롱 인공 섬, 투아스항 매립 공사 현장으로 운반하는 도중이었다. 구속 이유는 서류가 불충분하고 또한 휴대하고 있지 않았으며, 지정한 곳 이외의 장소에서 모래를 채굴했고, 채굴량을 실제보다 적게 신고했고, 환경을 파괴했다는 것 등이었는데 본심은 싱가포르에 대한 견제였다. 나포된 선박은 빈탄섬에 있는 지방재판소에서 심리한 결과 1척당 5,000만 루피아(약 3,200달러)의 벌금을 선고받았다.

그러나 자연 보호 단체 그린피스 인도네시아는 "단속이 강화되었음에도 밀수업자는 이전과 다를 바 없이 싱가포르에 모래를 수출하고 있다. 세관이나 해군에 잡히는 것은 일부에 지나지 않는다"라고 주장했다.

특히 인도네시아의 서(西)칼리만탄과 싱가포르 중간에 위치하는 리아우 제도를 노렸다. 이곳들은 싱가포르에서 20킬로미터밖에 떨어지지 않은 곳이라서 밀수업자들에게는 절호의 표적이었다. 표적이 된 이상 모래를 바닥까지 긁어서 가지고 나가니 경관이 크게 바뀌었다.

이곳 부근에는 크고 작은 83개의 섬이 있고, 무인도가 많아서 감시의 눈이 없다. 필자가 잠시 인도네시아에 머물렀던 2020년 3월 6일 심야에, 리아우 제도의 경찰이 그중 한 섬에서 트럭으로 모래를 운반하려는 20명을 체포했다는 뉴스를 보았다. 파워셔블과 트럭을 가지고 들어간 상당히 큰 집단으로, 요리사까지 데리고 있었다고 한다. 리아우 제도는 채굴로 바다가 오염되었고, 어민은 통상 어획량의 80%를 잃어서 고난에 처했다.

인도네시아에서는 타국의 모래로 자국의 영토를 확대해 나가고 있는 싱가포르에 대한 반감이 커져갔고, 모래 밀수가 정치 부패를 초래하고 있다는 반발이 빗발쳤다. 모래 수출을 금지한 배경에는 정치적 대립도 있었다. 인도네시아 측은 범죄인 인도 조약 체결을 바라고 있다. 독직과 관계된 범인이 주로 싱가포르로 도망가기 때문이다. 결국 두 나라는 2007년에 살인, 상해, 독직 등 양국 법률에서 금고 2년 이상에 상당하는 죄를 지은 범죄자를 대상으로 조약을 체결했다.

싱가포르, 말레이시아, 인도네시아 3개의 섬나라들이 흩어져 있는 싱가포르 해협의 동부는 식민지 시기에 그려진 복잡한 영해선으로 나누어져 있다. 그러므로 독립 이후부터 섬의 영유권과 영

170

해를 둘러싼 다툼이 끊이지 않았다. 쟁점이 된 세 곳 중 두 곳과 관련된 문제는 2009년 이전에 해결되었고, 2014년에 싱가포르와 인도네시아가 최종적으로 합의했다.

>>> 캄보디아

캄보디아는 최근 모래 수출량이 가장 급속하게 증가한 신흥 모래 수출국이다. 그런데 채굴이 연안의 생태계에 심각한 영향을 미친다며 2016년 말에 일시적으로 모래 수출을 금지하기로 결정했다. 또한 약 50개의 시민단체가 정부를 움직여서, 2017년에는 모래 수출이 항구적으로 금지되었다.

유엔 통계에 따르면, 인도네시아가 모래 수출 금지를 시작한 2007년부터 2017년까지 싱가포르는 다른 어느 나라보다도 캄보디아에서 많은 모래를 수입했다. 싱가포르 정부의 수입 통계에 따르면, 이 사이에 모래 8,000만 톤을 캄보디아로부터 수입했다고 한다. 그런데 캄보디아 측의 수출 통계를 보면 그 4% 이하의 양만 수출한 것으로 보고되어 있다.

양자의 주장이 이렇게 크게 다른 것은 원래 정확한 통계가 없기 때문이기도 하지만, 사실은 실태를 숨기기 위해서 베트남을 경유한 우회 수출, 암거래가 횡행한 것이라고 지적할 수 있다.

캄보디아 모래 채굴이 환경에 미치는 영향을 조사하고 있는 캐나다 오타와 대학교 연구 팀은 연안의 모래 소실, 연안 침식, 맹그로브 습지 파괴, 원주민의 어업 손해를 지적한다. 특히 집중적으로 모래가 채굴된 남서쪽의 코콩주에서는 어획량이 반으로 줄어서 어민이 타격을 받았고 어촌이 붕괴된 지역도 있다고 했다.

모래 채굴에 고용된 사람들 중에는 영세 어민이 많다. 이들은 당국의 경비가 느슨한 야간에 준설선을 타고 모래를 채굴한다. 어장이 황폐해져서 물고기, 새우, 게의 어획량이 급감하자, 어민들이 생활고 때문에 모래 불법 채굴장에서 일하게 되는 악순환이다.

조사 팀의 한 사람인 오타와 대학교의 국제개발학부 로라 쉰버거는 이렇게 지적한다. "풍요로운 나라는 가난한 나라로부터 천연자원인 모래를 구입해서 국토를 확대하거나 도시를 하늘 높이 올리고 있다. 이것은 중대한 사회 정의 문제다. 모래는 인간의 시간표 안에서는 재생 가능한 자원이 아니기 때문이다."

런던과 워싱턴에 본부를 둔 국제 NGO 글로벌 위트니스는 세계의 천연자원 착취, 분쟁, 빈곤, 부패, 인권 침해를 감시한다. 이들은 전 세계의 해안에서 이미 70%에 가까운 모래가 모습을 감추었다고 경고한다. 특히 캄보디아의 모래 밀수출 상황을 「모래의 이동」이라는 제목의 보고서에서 자세하게 정리했다. 그 안에는 이렇게 기술되어 있다.

"과거 10년 동안 캄보디아가 수출한 모래의 양은 정부의 허가량을 크게 초월한 불법적인 것이었다. 캄보디아의 모래 자원이 급속하게 사라진 것은 캄보디아 정부의 고관이 관계하고 있기 때문이라고 본다."

>>> 말레이시아

2018년 선거에서 수상의 자리에 다시 오른 모하메드 마하티르 수상은 취임 5개월 후 모든 모래의 수출을 금지했다. 95세의 수상은 24년간 이례적인 장기 집권을 했지만, 2020년에 사임했다.

2007년에 인도네시아가 싱가포르로의 모래 수출을 금지한 후, 말레이시아에서 싱가포르로 모래를 불법 수출하는 일이 늘어났다. 마하티르 수상은 이제까지 자국의 모래가 다른 나라의 국토 확장에 쓰였다는 사실에 불쾌감을 드러냈고, 말레이시아 정부 관계자가 불법 거래에 관여하고 있다는 비판에 신경을 곤두세웠다.

말레이시아는 반도의 본토와 보르네오섬으로 나뉘어 있다. 따라서 섬에서 본토로 모래 수송 허가를 받은 다음, 도중에 위조된 서류를 가지고 이웃 나라 싱가포르로 모래를 운반할 수 있었다.

급기야 말레이시아는 2018년에 모래 수출을 전면적으로 금지했다. 원래 양국은 영국이 식민지화한 말레이반도, 이른바 영국령 말라이의 식민지였는데, 싱가포르는 말레이시아에서 '추방되어서' 독립한 경위가 있다. 양국은 이제까지도 영해선이나 말레이시아로부터의 물 공급 등의 문제로 관계가 나빴다. 싱가포르는 필요한 물의 약 60%를 말레이시아로부터 구입했는데, 그 양이나 가격 등을 놓고 문제가 많았다.

모래 수입을 감독하는 싱가포르의 국가개발청은 말레이시아의 모래 수출 금지에 관해서 특별한 말은 없었지만, 모래 수입원은 여러 곳이라서 모래 확보에 대해 걱정하지 않는다고 했다.

메콩 델타의 위기

동남아시아의 젖줄 메콩강의 원류는 티베트 고원이다. 여기서 중국의 윈난성, 미얀마-라오스 국경, 태국-라오스 국경, 캄보디아와 베트남을 지나 약 4,100킬로미터의 여행을 마치고 남중국해로 흘러 들어간다(그림 4-2). 6개국을 통과하는 아시아 최대의 강이다.

모래를 함부로 파헤치고, 상류에서는 끊임없이 댐을 건설하고, 수상 교통로를 넓히는 준설 사업이 늘어나고, 인구가 증가함에 따라 강가의 주택과 생활 기반 시설이 점점 더 많이 건설되었다. 그 결과, 강의 침식이 심각해져서 동남아시아 최고의 강의 자연이 망가지고 있다.

메콩강 하류와 그 지류는 '생물 다양성'과 관련해서 분쟁 지역으로 지목되었다. 이른바 생물은 다양하게 많은데 파괴될 위기에 빈번하게 노출된 지역이라는 것이다. 국제 자연 환경 보호 단체가 중심이 되어서 보호를 호소하고 있다. 지정 지역은 일본 열도를 포함한 세계 36개 지역이다.

메콩강은 담수 지역 중 세계 최대의 어장으로, 아마존강 다음으로 생물다양성이 높다. 세계자연기금(WWF)에 따르면, 메콩강 유

그림 4-2. 주변국들이 노리고 있는 아시아 최대의 강 메콩강

역에서 발견된 생물종은 포유류가 430종, 양서류·파충류가 800종, 조류가 1,200종, 어류가 1,100종, 그리고 식물은 2만 종 이상이다. 메콩강 유역에서는 매년 많은 신종이 발견된다. 과거 10년 사이 식물, 파충류, 포유류, 조류 등 1,000종 이상의 신종이 발견되었다.

베트남 남부에서는 그물망과 같은 지류와 수로가 달리고 있고, 광대한 메콩 델타가 형성되어 있다. 메콩강 유역에 사는 약

6,000만 명 중 약 2,150만 명(2019년 기준)이 델타에서 생활하고 있다. 지류나 수로에 둘러싸인 마을에서는 농업과 어업이 주된 생업이다.

델타의 종횡을 달리는 지류는 일찍이 중요한 교통망이었고 교역로였다. 메콩강 유역의 각지에서는 수상 시장이 들어선다. 생선, 야채, 과일, 일용품, 선물용 기념품 등을 실은 작은 배가 즐비하다. 최근에는 해외 관광객도 많다.

메콩 델타에는 상류의 산악 지대로부터 비옥한 토사가 운반된다. 그러므로 지구상에서 농업 생산성이 가장 높은 지역이기도 하다.

베트남에서는 19세기 프랑스의 식민지 시기에 수출을 위해 쌀 생산 확대를 꾀했고, 1920년대까지는 수출액의 60~70%를 쌀이 차지했다. 최근에는 농업 기술이 눈부시게 발전해서 삼모작이 보급되었다. 쌀 생산량도 소비량도 세계 5위다. 반은 국내에서 소비되고 나머지는 수출용이다.

그런데 동남아시아의 경제 발전과 더불어 도시 생활 기반이 확대되면서, 이웃 나라들 모두가 모래를 대량으로 채굴하기 시작했다. WWF는 델타에서만 연간 5,000만 톤의 모래가 사라졌다고 추정했다. 상류에서 운반되는 양 이상의 모래가 채굴되었을 뿐 아니라, 도중에 건설된 댐이 물길을 막아서 모래가 보충될 새도 없다. 이에 강은 눈에 띄게 황폐해졌다.

WWF의 '메콩강 보존 프로젝트' 연구원인 마르크 구아쇼는 약

20년간 베트남, 캄보디아, 태국, 라오스에서 정책 조언자로 일해왔다. 그는 "이 속도라면 금세기 말에는 약 4만 제곱킬로미터의 델타 중 반이 사라질 것이다"라고 경고했다.

메콩 강가의 마을은 준설로 둑이 침식되고 무너졌다. 또한 농지, 양식장, 가옥이 물에 잠겼다. 환경 악화와 홍수 등의 자연재해로 어떤 해에는 2,000헥타르의 논을 잃었다. 농업과 어업을 할 수 없게 되었고, 최근 10년간 약 170만 명이 델타를 떠나 도시로 이동했다.

공표된 숫자를 보면 베트남은 세계 15위(2018년 기준)의 모래 수출국이다. 사실상 대부분의 모래 채굴이 방임되고 있다. 베트남 정부는 모래 채굴은 준설을 목적으로 한 것만으로 한정해서 2008년에는 인가된 채굴지 이외에서의 모래 채굴을 금지했다. 그다음 해에는 모래 수출도 금지했다. 그러나 정식으로 인가된 모래 채굴량은 수요의 60%밖에 되지 않는다. 채굴 금지로 모래의 가격은 뛰었고, 오히려 불법 채굴을 초래하는 결과를 낳았다. 모래 암시장은 활기를 띠고 있다.

모래 수요가 급증해 2015년 9,200만 세제곱미터에서 2020년에는 1억 3,000만 세제곱미터로 증가할 것이라고 예측했다(2022년 베트남 지질광물부 부국장 라이 홍 탄은 매년 모래 수요가 계속 1억 세제곱미터에 이르는 한, 메콩강에서의 모래 채취는 중단되지 않을 것이라고 말했다.-역주). 베트남 정부는 베트남 국내의 모래 매장량이 23억 세제곱미터 정도밖에 없고, 10년 후에는 모래가 고갈될 것이라고 인정했다.

채굴업자는 보통 감시가 없는 야간에 모래를 채굴한다. 강바닥에서 모래를 채굴해서 가까운 강가로 옮긴다. 업자는 모래를 트럭에 싣고 나간다. 불법인 만큼 보수는 많다. 베트남 노동자의 평균 월급이 270달러인데, 불법 채굴 임금은 700달러에서 1,000달러 수준이다.

2017년 저널리스트 2명이 불법 채굴 조직 속으로 잠입해서 대량의 모래가 싱가포르로 밀수되는 사실을 폭로했다. 싱가포르 기업에 고용된 베트남 배 5척이 싱가포르 창이 공항의 인접 지역에서 모래를 몰래 옮겼다.

베트남 정부는 단속을 강화했고, 베트남 경찰은 2016년 한 해 동안 전국에서 3,000명 가까이 검거했다. 하노이 근교의 박닌성에서는 성의 인민위원회 회장을 협박해서 모래 채굴 허가를 얻어낸 건설 회사 사장을 체포했다.

메콩 델타 롱안성 출신의 추온 호아 빈 부수상은 2017년에 "모래의 불법 채굴이 각지에서 진행되고 있는데, 지방 정부 담당자가 채굴업자로부터 뇌물을 받고 도움을 주고 있다"는 사실을 국회에서 밝혔다.

2017년에는 어획량이 급감했음에도 관공서가 아무런 조치를 취하고 있지 않는 것에 불만을 가진 베트남 어민들이 채굴업자를 습격해서 2명이 중상을 입은 사건이 발생했다. 그 후에도 마을 사람들과 채굴업자들의 전쟁은 끊이지 않고 있다.

중국의 댐 건설

2019년 11월 메콩강은 과거 100년 동안 볼 수 없었을 정도로 비정상적으로 수위가 저하했다. 메콩강 위원회(MRC, Mekong River Commission)의 조사에 따르면 13개 관측소에서 수위를 측정했는데, 평년의 4분의 1에서 2분의 1까지 수위가 내려갔다. MRC는 메콩강 유역의 태국, 라오스, 캄보디아, 베트남 4개국이 조직한, 메콩강의 보존과 개발을 위한 국제 기구다.

MRC는 메콩강의 기록적인 수위 저하의 원인을 상류에 건설된 댐에서 찾았다. 메콩강은 오랫동안 댐 개발에 적합한 땅으로 주목되었다. 1960년대에는 미국이 메콩강 하류에 수력 발전 댐을 만들어서 이 지역의 경제를 발전시키고 공산주의 세력에 대항하려고 했다. 그런데 계획이 정체되고 있는 사이에 베트남 전쟁이 발발했다.

1990년대에 들어서는 중국이 본격적으로 메콩강 유역을 개발하기 시작했다. 1993년부터 2017년까지 강 상류의 중국 영토 내 7군데에 댐을 완성했다. 특히 칭하이성, 윈난성 등에서는 현재 11개의 댐이 건설되고 있고, 14개를 더 건설할 예정이라고 한다. 또한 중국에 채무가 있는 라오스 정부는 중국의 강요를 이기지 못하고 메콩강과 그 지류에 140개 이상의 댐 건설을 승인했다. 이 댐들에서 생산된 전기는 광둥성 등 중국 국내에서 전력이 부족한 지역으로 보내고, 나머지는 태국 등에 팔 예정이다.

MRC는 메콩강 상류의 댐이 강을 막아서 하류에 심각한 피해를 미친다는 사실을 지적했다. 동남아시아와 서구 등의 언론은 2019년 메콩강의 비정상적인 수위 저하가 중국이 상류에 건설한 댐 때문이라고 보도했다.

미국의 물 분야 연구 및 컨설팅 전문 업체인 아이즈 온 어스가 인공위성을 통해 조사한 결과, 중국은 메콩강의 수량 중 반을 막고 있었다. 이것이 하류의 물 부족을 초래했고, 몇백만 명의 사람들을 곤경에 빠뜨렸다.

태국 주재 중국 대사관은 이와 같은 보도에 대해서 "독자들에게 오해를 불러일으키는 근거 없는 비난"이라는 성명을 발표했다. 그러나 2019년 8월 방콕에서 열린 동남아시아국가연합(ASEAN, Association of South-East Asian Nations) 회의에 출석한 미국의 폼페오 국무장관은 "수위 저하는 중국의 댐 건설과 관련이 있으므로, 강을 관리하는 새로운 규칙이 필요하다"고 발언했다.

우기에는 댐의 저수량 조정을 위해서 방류하는 일이 많은데, 이것 때문에 하류에서는 홍수가 발생한다. 2017년 4월 베트남의 안장성에서 자연 제방이 약 800미터나 무너졌고 민가와 도로의 일부가 떠내려갔다. 모래 채굴로 제방이 약해져 있어서 키운 피해다. 2019년 7월에는 메콩강 상류 중국 윈난성에 있는 징훙 댐의 방류로 홍수가 발생해, 유역 주민 200세대 이상이 논밭과 가옥에 피해를 입었다.

이제까지 댐의 방류로 강변의 집락들에서는 논밭과 양식장뿐만 아니라 민가와 점포가 수몰되는 사고가 종종 발생했다. 최근 수년 동안 수십 제곱킬로미터의 논이 홍수로 사라졌고, 적어도 1,200세대가 이 땅을 떠났다. 정부는 이후에도 메콩강 델타 지역에서 이동해야 할 인구가 약 50만 명은 더 있다고 보고했다.

메콩강 하류 일대 각국의 정부 관계자, 환경 보호 단체, 어민 단체, MRC 등은 댐의 방류를 사전에 통보할 것과 더 이상 댐을 늘리지 않을 것을 중국 측에 몇 번이고 요청했다. 또한 중국 정부에 농민과 어민들에 대한 피해 보상을 요구했지만 중국은 거절해 왔다.

MRC의 크리스탄센 사무국장은 "만약 메콩강의 수량이 줄어들면 하류의 수천백만 명에게 중요한 식량을 공급하는 어업이나 농업에 영향을 미칠 가능성이 있다"고 말하고, 중국이 메콩강 하류에 위치한 나라와 적극적으로 이야기를 나눌 필요가 있다고 호소했다.

그러자 중국은 2020년 1월 가뭄이 이어지고 있는 가운데 "메콩강의 수위 저하가 주변에 미친 영향을 고려한 결과, 주변의 댐에서 방수하는 양을 늘리겠다"고 갑자기 통지했다. 여하튼 메콩강과 그 주변 주민의 생활은 중국 측 댐의 저수와 방류에 크게 좌우되고 있는 것이 분명하다.

워싱턴의 싱크탱크 스팀슨 센터에서 동남아시아 프로젝트의 디렉터를 역임한 브라이언 아일러는 이렇게 경고했다. "중국은 메콩강의 수량을 마음대로 조정하는 것으로 하류 지역의 가난한 나라의 생명줄을 잡고 있다."

MRC는 2018년 메콩강의 지속적 개발에 대한 조사 보고서를 발표하고 "2040년까지 건설 계획 중인 100개가 넘는 댐이 완성되면, 델타 지대의 토양 공급은 97%나 차단된다. 비옥한 델타 지대는 더 이상 영양분 풍부한 토양을 공급받지 못하고, 농업과 환경은 큰 영향을 받을 것이다"라고 경고했다.

댐이 방류할 때마다 강의 수위와 유속이 급격하게 변해서 서식 환경이 파괴되고, 생물 다양성을 잃어간다. 이와 더불어 인구가 현저하게 증가하고 있는 베트남과 캄보디아에서는 어획량이 급격히 감소하면서 단백질 확보가 시급한 과제가 되었다.

제5장

'백사청송'은
어떻게 만들어졌을까

백사청송

바다와 모래사장으로 둘러싸인 일본에서는 아름다운 해변의 경치를 '백사청송(白砂青松)'이라고 표현했다. 흰 모래사장과 푸른 소나무가 빽빽이 들어선 벌판이라는 뜻이다. 모래사장은 문화, 역사, 풍토의 바탕이 되었다. 지금도 모래사장은 사람과 바다가 만나는 장소이고, 모래사장 가까이에 사는 사람들의 생명과 재산을 쓰나미로부터 지켜주는 중요한 역할을 담당하고 있다.

그런데 에도시대 이후 모래사장에 개발의 손이 닿자, 농지와 염전, 항만이 조성되어 서서히 그 모습이 사라지기 시작했다. 특히 쇼와시대(1926년~1989년-역주)의 고도 경제 성장기 이후에는 팽창하는 도시와 공장 용지 등을 위해서 빈틈없이 매립을 시작했다. 이와 더불어 댐과 사태막이둑(산사태나 홍수를 막기 위한 둑-역주)을 건설하자, 산지에서 하천으로 운반되는 토사가 급감했으며 모래는 모래사장에서 점점 사라졌다.

모래사장이 소멸하면서 바다에서 멀어지는 현상이 나타났다. 일본인들은 모래와 함께 어떻게 살아왔을까. 이 장에서 되돌아보고자 한다.

모래라고 하면, 누구나 추억이 있을 것이다. 놀이터나 어린이집 마당의 모래밭, 해수욕장의 뜨거운 모래, 파도가 무너뜨리고 간 모래성.

일본인들의 마음 깊은 곳에는 모래에 대한 기억이 여러 가지 있다. 일본 메이지시대의 시인 이시카와 다쿠보쿠(石川啄木)의 시집 『한 줌의 모래—握の砂』를 기억하는 사람도 많다. 그의 시에 담긴 고향, 빈곤과 좌절, 울적한 심정 등은 많은 사람들의 마음을 사로잡았다. 시집에 수록된 시 중에는 허무함의 상징으로 모래가 등장해 실의, 한탄, 슬픔, 병마, 사랑, 자살 등 여러 심상을 드러낸다.

동쪽 바다 작은 섬 물가의 흰 모래밭에
나는 눈물을 흘리면서
게와 함께 노닌다.

모래 위에 누워서
첫사랑의
아픔을 멀리 기억하는 날

생명이 없는 모래의 슬픔이여

사르륵

움켜쥐면 손가락 사이로 빠져나간다.

하룻밤 사이에 태풍이 불어

쌓아 올린 이 모래 산은

허무함이다.

　미야자와 겐지(宮沢賢治)의 소설 『은하철도의 밤(銀河鉄道の夜)』
은 고독한 소년 조반니가 친구 캄파넬라와 함께 은하 열차를 타고
우주를 여행하는 이야기다. 독특한 세계관의 동화를 통해서 다른
차원의 세계로 빠져든 사람도 많을 것이다. 이 소설은 영화와 애
니메이션으로도 만들어졌다.

　지질학에 조예가 깊었던 그의 작품에는 모래, 암석, 화석, 지층
이라는 단어가 수없이 등장한다. 아래의 글은 은하 열차가 여행
도중 강가에 정차했을 때의 광경이다.

　　캄파넬라는 그 아름다운 모래를 한 움큼 쥐고는, 손바닥을 펼쳐
　　손가락으로 비비면서 꿈을 꾸듯이 말했습니다.
　　"이 모래는 모두 수정이야. 속에서 작은 불이 타고 있지." (생략) 강
　　가의 자갈은 모두 투명해서 분명히 수정이나 토파즈, 또는 지각
　　변동으로 인해 주름이 생긴 것과 모서리에서 안개처럼 푸르스름
　　한 빛을 발하는 강옥석 등이었습니다.

그림 5-1. 1920년대 일본 심상소학교(지금의 초등학교) 국어 교과서에 실린 〈우라시마타로〉의 한 장면

모래사장과 소나무 숲을 배경으로 하고 있다.

출처: 일본 제3기 국정 교과서 『심상소학교 국어 독본』(1928)

　흰 모래사장에 소나무 숲이 이어지는 해변의 모습은 일본인들의 마음에 기억되는 것이다. 『만요슈(万葉集)』에는 소나무를 소재로 한 시가 76수 수록되어 있다. 동화 〈우라시마타로〉(그림 5-1), 일본판 견우와 직녀 이야기인 〈날개옷〉의 무대는 모두 흰 모래와 푸른 소나무를 품은 바닷가이다.

　일본 각지에 남아 있는 〈날개옷〉 전설 중에서도 시즈오카의 '미호노 마쓰바라(三保の松原, 미호의 소나무 숲)'가 유명하다. 나라시대(710년~794년-역주)에 편찬된 각 지역의 지리지인 『풍토기(風土記)』에도 등장한다. 당시는 바닷가 바로 앞까지 숲이었고 모래사

장은 많지 않았다. 있다고 해도 아주 좁았다.

그런데 에도시대 중기가 되자 모래사장은『만요슈』나 동화 속에 등장하는 경치와는 전혀 다른 모습으로 바뀌었다. 사실 조몬시대 후기 벼농사가 시작되면서부터 집락이 만들어졌고, 땔감을 구하기 위해 나무를 베고 개척을 하면서 집락과 퇴적 평야에서는 숲이 조금씩 사라져 갔던 것이다.

그 규모는 점차 커져서, 에도시대에 들어서는 수상 운송이 편리한 산기슭의 평지나 작은 골짜기에, 또는 하천 중류의 선상지나 하안의 계단식 지형 등에도 논이 펼쳐졌다. 그 배경에는 인구의 급증이 있었다.

역사인구학자인 하야미 아키라(速水融)는, 에도시대 초기의 인구를 1,200만 명 전후라고 보았다. 지금의 10분의 1 정도이다. 이후 인구가 급증해서 1716년에서 1736년경에는 3,000만 명에 달했다고 추정한다. 이때 에도(지금의 도쿄-역주)의 인구는 100만 명이 넘어서 세계 최대였을 가능성이 높다. 인구 증가와 더불어 쌀의 수요도 많아졌다.

오다 노부나가와 도요토미 히데요시가 전국을 통일하고, 도쿠가와 이에야스의 에도 막부가 시작되었다. 그 후 100년이 지나자, 일본은 전쟁이 없는 근세 봉건 제도가 확립되었고 사회는 안정되었다. 동시에 병농분리(兵農分離)가 진행되어 농민의 신분이 고정되었고 농업에 집중하게 되면서 생산성이 올라갔다.

이것의 영향으로 인구가 증가했으며 쌀의 수요도 높아졌다. 17

세기 중엽부터 18세기 초에 걸쳐서 막부와 다이묘는 농경지 확대, 즉 신전 개발에 힘을 쏟았다. 농경지가 확대되니 자연히 조세도 따라 인상되었다. 따라서 이 정책은 전국적으로 추진되었다.

토목 기술의 발달

전국시대(1467년~1573년-역주) 말부터 근대 초기에 걸쳐서 용수 토목, 광산, 축성, 도로 건설 등의 기술이 크게 발달했다. 그러면서 용수로의 개착·정비·확장과 더불어 큰 하천 개축이 본격적으로 시작되었다. 토목 기술은 신전 개발로 위력을 발휘했다. 중소 용수지를 수로와 연결해서 거미줄 같은 용수지 망을 만들고 견고한 둑을 쌓았다.

하천의 상류에서 물을 끌어들였고, 용수로를 이용해서 물이 부족한 지역으로 장거리 운반도 할 수 있게 되었다. 이제까지 물이 없어서 개발하지 못한 홍적대지나 선상지 등의 미개간지도 용수로 정비로 개발할 수 있게 되었다. 개펄, 호수와 늪, 저습지의 매립이 왕성하게 진행되었고, 이에 따라 논이 확대되면서 쌀 생산량도 안정되었다.

다케다 신겐(武田信玄), 가토 기요마사(加藤淸正) 등 전국의 다이묘와 구마자와 반잔(熊澤蕃山), 노나카 겐잔(野中兼山) 등 번 정치의 개혁가들이 이런 기술을 신속하게 받아들여서, 쌀을 안정적으로

사진 5-1. 신겐 둑

가이 지방(지금의 야마나시현)의 다이묘 다케다 신겐이 세웠다는 제방으로, 지금도 제 기능을 하고 있다고 한다.

출처: 위키피디아

확보하는 데 가장 큰 관심을 기울이고 관련 정책을 진행했다.

이 중에서도 다케다 신겐이 구축했다는 신겐 둑(사진 5-1)은 지금도 기능하고 있어서, 2019년 태풍 19호가 왔을 때 야마나시현의 피해가 가벼웠던 것은 이 둑이 있었기 때문이라고 한다. 다양한 방법으로 물의 세기를 조정해서 고후 분지(甲府盆地)의 홍수를 막는 획기적인 발상이었다.

많은 개발비가 필요했지만 막부와 번이 직접 관여하는 사업 이외에도 영주의 지원을 받은 토호와 부농들, 번의 무사, 마을 사람들이 자금과 노동력을 제공하는 모양으로 신전 개발이 진행되었다. 그 결과 토지 장부인 '게이조산넨다이묘초(慶長三年大名帳)' 등에 따르면, 1600년경 약 163만 정보(町歩, 약 163만 헥타르)였던 전국의 경지 면적이 1720년에는 1.8배 늘어 약 297만 정보까지 확대되었다.

17~18세기의 신전 개발 결과, 에도시대 초기 전국 1,800만 석이었던 농지가 중기에는 2,500만 석, 후기에는 3,000만 석으로 급증했다. 개발이 늦은 도호쿠, 간토, 주코쿠, 규슈 등에서도 쌀 수확량이 크게 늘었다. 신전 개발은 에도시대의 일본 개조 계획이기도 했다.

각 지역에서 생산된 쌀은 정비된 도로와 해로를 이용해서 에도와 오사카로 운반되었고, 경제 발전에 공헌했다. 지금의 농촌과 논의 배치는 홋카이도를 제외하고 이 시대에 원형이 완성되었다. 각지의 '○○신전'이라는 마을 이름은 이 시절에 만들어진 것이 많다. 개발자의 이름을 단 신전도 적지 않다.

이를테면 현재의 시즈오카현 누마즈시에 '스케베 신전(助兵衛新田)'이라는 지명이 있었다. 스즈키 스케베가 신전을 개척했다고 지은 이름이다. 그런데 '스케베'는 호색한을 의미하는 단어인지라 메이지 말 "음란하고 상스럽다"는 이유로 '복숭아 산지'라는 뜻의 '도리(桃里)'라고 개명했다. 시내의 아사마아시타카 신사에는 스케베의 공적을 기리는 비석이 있다.

에도시대도 100년이 지나자 농업 생산력이 한계점에 이르러, 개간할 수 있는 땅이 적어졌다. 이후 130년 동안, 즉 메이지 유신까지 인구는 거의 늘지 않았다. 이 사이에 3번의 큰 기근을 비롯해서 크고 작은 기근이 있었다.

삼림 소실이 낳은 모래

나무가 뿌리를 내리면 토양을 꽉 잡는 효과가 있다. 이것이 지표의 토사를 흘려보내지 않고 막는다. 땅에 비가 내리면 지표면을 파고드는 빗방울의 충격으로 표면의 흙이 씻겨 내려간다. 삼림의 지표면은 낮은 나무와 잡초, 낙엽으로 덮여 있어서 빗방울의 충격을 줄이고 동시에 빗물을 일시적으로 저장해 강으로 흘려보내는 양을 제어한다.

반면 삼림이 벌채되고 농지와 나지로 변한 장소에서는 이런 효과가 사라져서 하천으로의 토사 유입량이 늘어난다. 농업환경기술연구소의 조사에 따르면, 유출되는 토사의 양이 삼림에서는 1헥타르당 연간 0.18톤, 농지에서는 1.48톤, 나지에서는 8.71톤, 황폐지에서는 30.69톤이나 된다. 토사의 유출량이 지표를 덮고 있는 수목이 벗겨진 농지에서는 8배 이상, 나지에서는 48배 이상 늘어난 셈이다.

삼림 소실에 따른 토양 침식으로, 급류가 강바닥과 분지 암벽을 깎아서 얻은 토사를 해안까지 운반해서 만든 것이 모래사장이다. 바다에 퇴적된 토사는 연안류와 파도로 밀려와 모래사장에 더해졌다.

신전 개발 붐으로 각지의 모래사장은 현저하게 넓어졌다. 모래는 화강암 산에서 침식과 붕괴가 진행되면서 하천으로 운반된 것으로, 바닷가는 아름다운 백사장이 되었다. 이것은 달리 말해서,

사진 5-2. 돗토리 사구

바람이 센 해변에서 바람으로 만들어진 모래 언덕이다.

출처: 위키피디아 ⓒHashi Photo

내륙의 산이 황폐해졌다는 증거다.

바람이 센 동해 해변에서는 바람으로 모래 언덕이 만들어졌다. 연안에는 노시로 사구(能代砂丘, 아키타현), 쇼나이 사구(庄内砂丘, 야마가타현), 우치나다 사구(内灘砂丘, 이시카와현), 돗토리 사구(鳥取砂丘, 돗토리현, 사진 5-2), 겐카이 사구(玄海砂丘, 후쿠오카현) 등이 이어져 있다.

모래 알갱이는 가벼워서 바다에서 부는 강풍에 날려 비사(飛砂)가 된다. 비사는 집락과 논밭에 뿌려지면서 큰 피해를 가지고 온다. 개척지의 확대와 더불어 늘어난 토사로 비사의 피해가 커졌다.

　토사가 하천에 퇴적하면, 큰비가 내릴 때 흘러내려 홍수를 불러일으킨다. 에도시대 중기 이후, 전국적으로 새롭게 개척된 농경지에서는 홍수의 피해가 두드러졌다. 동해에서는 쓰가루·쇼나이·니가타, 동일본에서는 기타카미가와 하류의 센보쿠 평야(仙北平野), 토네가와 하류의 저습지대, 나아가 서일본에서는 요도가와 하류, 야마토강, 기소강 하류의 윤중지대(輪中地帶)에서 피해가 컸다. 윤중지대란 에도시대에 저습지의 촌락과 농경지를 홍수로부터 보호하기 위해서 제방으로 둘러싼 지대이다. 새로 땅을 일구는 것은 물론이고 이미 개발된 논을 유지하는 것도 어려워졌다.

　비사와 홍수로 피해가 심각해짐에 따라 신전 개발에 브레이크가 걸렸다. 영주들도 신전 개발이 아니라 이미 개발된 논밭을 효과적으로 이용하는 방법을 찾는 쪽으로 전환했다. 근본적 치수 대책이 요구되었고, 치수 사업은 서일본에서 왕성하게 이루어졌다.

　그 시작은 막부의 경우 1666년 2월 2일의 제국산천정(諸国山川掟)이다. 이는 하류 지역의 치수를 목적으로 상류 지역의 삼림 개발을 제한하는 규정이었다. 이 규정은 3개 조항과 부칙 1조로 이루어져 있다. 초목의 뿌리를 뽑지 못하게 하고, 수원의 황폐지에서의 식림과 하천 부지에서의 경작을 금지하며, 화전을 금지한다는 등의 내용이었다. 이것으로 난개발은 어느 정도 억제되었고, 자연환경은 안정되는 조짐이 보이기 시작했다.

땔감이 숲을 앗아 갔다

개척과는 별개로 제염과 제철로 땔감을 대량 소비하게 되면서 삼림이 벌채되었다. 소금은 통상 염전 등에서 농축한 바닷물을 가마솥에 끓여서 결정화한다. 아쓰미반도(渥美半島) 등 각지에 남아 있는 제염 유적지를 조사해 보면, 불을 지피기 위해 방대한 연료가 필요해서 주변의 나무를 모두 베고 난 다음 다른 새로운 땅으로 이동한 사실을 알 수 있다.

연료가 되는 땔나무 공급원을 염산 또는 염목산이라고 하는데, 이것을 확보하는 것이야말로 제염업의 사활이 걸린 일이었다. 제염업이 번성한 지역에서는 염산을 둘러싼 다툼이 끊이지 않았다. 야요이시대부터 제염이 시작된 것으로 알려진 아코(赤穗, 현재의 효고현 아코시)에서는 17세기에 염산을 둘러싸고 두 마을이 100년 이상 대립한 기록이 남아 있다.

제철도 삼림 소실의 원흉이 되었다. 일본도로 잘 알려진 양질의 강철 '다마하가네(玉鋼)'는 타타라 제철법(그림 5-2)으로 만들어진 것인데, 원료가 되는 철광석을 얻기 위해서 산을 무너뜨렸다. 근세 초기에 철의 수요가 증가하자, 용광로의 개량이 진행되어 '간나나가시(鉄穴流し)'라는 제철법이 보급되었다. 암석과 흙이 섞인 철광석을 경사진 수로에 흘려보내면, 입자의 비중 차로 분리되어 철분만 얻을 수 있는 비중 선광법이다.

철분을 정제하기 위해 바닥을 깊이 파고 점토로 만든 가마 '타타

그림 5-2. 〈일본산해명물도회(日本山海名物図会)〉에 그려진 타타라 제철법
풀무를 밟아 바람을 불어 넣는 모습이다. 제철에 필요한 땔감을 공급하기 위해 삼림이 파괴되었다.
출처: 위키피디아

라 용광로'를 설치한다. 철광석과 숯을 번갈아 용광로에 넣고, 풀무로 바람을 불어 고온을 유지한다.

쉬지 않고 용광로에 장작을 지피고 바람을 계속 불어넣어 3일 밤낮 70여 시간에 이르는 혹독한 노동 끝에 드디어 철광석이 녹아서 쇳덩어리가 된다. 가부키와 같은 일본 연극에서 '타타라를 밟는다(タタラを踏む)'는 발동작을 하는데, 타타라 제철을 할 때 풀무를 발로 밟는 동작과 매우 비슷하기 때문에 이렇게 지칭했다.

시바 료타로(司馬遼太郎)는 고대 제철과 관련된 이야기를 많은 글로 남겼다. 시바 료타로는 「길을 가다 7 – 야마토·쓰보사카 외」에서 제철에는 방대한 숯을 소비하기 때문에 철제품의 보급은 스스로 목을 조를 정도로 환경을 파괴해 버렸다면서 다음과 같이 말했다.

"유럽은 고대로부터 광석에서 철을 얻었는데, 동아시아의 철은 주로 사철에서 얻었다. 사철은 화강암이나 석영 조면암이 있는 곳이라면 어디에나 있다. 문제는 이것을 녹이기 위한 숯이다. 고대에 비해 열효율이 좋은 에도시대의 제철법으로도, 사철에서 1천 200관(약 4.5톤)의 철을 얻기 위해서는 4천 관(약 15톤)의 숯이 필요했다. 4천 관의 숯이라고 하면 산 하나를 완전히 벌거숭이로 만들어야 할 정도의 양이다."

15톤의 숯을 만들기 위해서는 1,800~3,000헥타르의 삼림이 필요하다. 그래서 철 생산지의 산들은 벌거숭이가 되었다.

사철은 채굴 단계부터 자연 파괴를 가져왔다. 타타라 제철 연구자인 사다카타 노보루(貞方昇)에 따르면, 주코쿠의 철 산지 중 시마네, 돗토리 등에서는 비중 선광법이 널리 진행되었다고 한다. 모두 수 미터에서 10미터 정도 파헤쳐졌는데, 그 합계 면적은 1만 9,000헥타르에 이른다.

근세 초에 이르러 철이 대량 생산됨에 따라 망가지는 산지의 규모가 커지면서 막대한 양의 폐토가 생겨났다. 하천에 폐기된 토사는 농업 용수로를 막았고, 강바닥을 상승시켜서 하구를 막아 종종 홍수를 일으켰으며, 논으로 흘러 들어가 벼에 피해를 입혔다. 『고사기(古事記)』나 『일본서기(日本書紀)』에 나오는 괴물인 팔이 8개 달린 이무기가 부활해서 이런 홍수가 발생했다는 황당한 이야기가 나돌았을 정도다.

쇼나이 사구에서의 비사와의 전쟁

삼림 파괴로 생산된 모래는 하구까지 운반되어 모래사장을 만드는데, 모래사장이 확대되면서 해안 인근 주민들을 괴롭히기 시작했다.

쇼나이 사구는 야마가타현의 유자마치(遊佐町)에서 사카타시(酒田市)와 쓰루오카시(鶴岡市)에 걸쳐 동해 해안을 따라 이어진다. 면적은 약 55제곱킬로미터, 길이는 35킬로미터, 폭은 1.5~3.5킬로미터나 된다. 중앙에 모가미가와(最上川)강이 흐르고, 강을 중심으로 북쪽 사구와 남쪽 사구로 나뉜다.

끝없이 이어지는 하얀 모래 언덕, 그리고 소나무 숲. 그 위로 보이는 조카이산(鳥海山)의 전망도 훌륭하다. '일본의 석양 100선'에도 선정되었다. 돗토리 사구, 난엔다이 사구(南遠大砂丘, 시즈오카현), 후키아게하마 사구(吹上浜砂丘, 가고시마 현 남부), 나중에 기술할 니가타 사구(新潟沙丘)와 함께 일본을 대표하는 사구 중 하나다.

이 일대는 과거에는 울창한 삼림으로 뒤덮여 사람들이 모여 살았다. 모래 언덕 아래에서는 그루터기와 쓰러진 나무가 발견되었고, 석기와 조몬시대 토기의 파편이 발굴되었다. 그런데 전국시대에서 에도시대 초기에 걸쳐 계속된 전란으로 삼림은 황폐해졌고, 제염용 연료를 얻기 위해서 나무를 마구 베어내는 일이 반복되었다.

예로부터 이곳은 강풍 지대로 유명하다. 모가미가와 협곡에서 쇼나이 평야로 부는 바람과 북서쪽에서 불어오는 겨울 계절풍이 지나는 길이다. 해안의 수목들이 육지 쪽으로 기울어져, 눈이 내리면 나무줄기의 바다 쪽 면에만 눈이 쌓인다.

강풍에 의해 모래 언덕의 모래는 비사가 되었고, 가옥과 논밭, 도로와 하천까지도 모래에 묻혔다. 에도시대 중기 무렵에는 비사 재해가 한층 심해져 논밭을 뒤덮었고, 하천 하류 지역에서는 매년 홍수가 발생해서 사람들이 떠나 폐촌이 되는 마을도 있었다.

17세기에 들어서자 비사를 막기 위한 방사림을 반복적으로 심었다는 기록이 있지만 성공하지는 못했다. 에도시대 중기에는 번에서 민생 안정을 위해 식림을 시작했고, 선각자들은 그를 지원하려 모래와의 전쟁을 시작했다.

18세기 초에는 기스기 히코자에몬(来生彦左衛門, 1659~1748), 사토 타로우에몬(佐藤太郎右衛門, 1692~1769) 등 사구 식림의 선구자가 나타났다. 기스기는 쇼나이 번에서 식림 지도 감독자인 우에쓰케야쿠(植付役)에 임명되어 90세의 나이로 사망할 때까지 약 16만 그루의 곰솔과 삼나무 묘목을 심었다.

사토는 "내가 죽어도 식목을 게을리한다면 후대는 멸망할 것이다"는 유언을 남겼고, 그 자손들은 몇 대에 걸쳐서 에도 막부 말기까지 식림을 계속했다. 식림지는 길이 33킬로미터, 면적은 25제곱킬로미터에 달한다. 이 넓은 땅을 사람의 손과 괭이만으로 일구었다.

숲을 되살린 아라야무라

아키타현은 전체 길이 263킬로미터에 이르는 해안선의 절반가량이 모래사장이었다. 가을에서 봄까지 대륙에서 불어오는 계절풍으로 모래가 날아오르고, 거센 파도와 함께 해안을 뒤덮었다. 해안가의 집락과 논밭과 도로만이 아니라 집까지도 뒤덮었다.

특히 아라야무라(新屋村, 현 아키타시)는 개간과 제염 때문에 땔나무가 난벌되어, 18세기에 들어서자 비사의 피해가 더욱 심각해졌다. 아라야 해안의 사구는 현재 육상 자위대 훈련장이다. 일본 정부가 도입을 추진하고 있는 육상 배치형 탄도 미사일 방어 시스템인 이지스 어쇼어를 둘러싼 문제로 주목을 받고 있다.

아키타 번은 바다 방어의 중요성을 인식해서 번의 무사 구리타 사다노쇼(栗田定之丞, 1768~1827)를 외국선 경비를 담당하는 '당나라 배 지킴이(唐船見御番)'로 임명했다. 그는 해안 일대를 지키면서 하룻밤 사이에 집 한 채를 묻어버린다는 비사의 무서움을 피부로 느꼈다(사진 5-3).

이후 그는 번의 삼림 감독과 사구 대책 담당관을 겸임하게 되었고, 방사림의 식림에 집중했다. 구리타는 시행착오를 거듭하면서, 비자나무를 엮어서 울타리를 만들어 비사의 이동을 막았다. 그 안쪽에는 버드나무와 수유나무를 심어서 뿌리가 내리면 소나무 묘목을 심는 '구리타식 식림법'을 확립했다. 이 방법으로 바람을 막을 수 있는 숲을 형성하고자 했다. 그는 농민들의 협조로 300만

사진 5-3. 모래에 파묻힌 집

메이지시대 아키타현에서 촬영된 것으로 보인다.

출처: 아키타현 임업 컨설팅/아키타 숲 만들기 활동 서포터 센터,「초록의 유산 – 아키타의 사방림」

그루의 곰솔을 심는 데 성공했다. 잘 자란 소나무 숲은 비사를 막고 집과 논밭을 지켰으며 땔감과 퇴비, 솔불을 마을 사람들에게 공급했고, 마을은 활기를 되찾았다.

식림은 그 후로도 이어졌다. 오늘날 길이 14킬로미터의 일본 최대급 소나무 숲에는 약 700만 그루의 곰솔이 우거져 있다. 이 숲은 '바람의 소나무 숲'이라는 이름을 얻었고, '21세기에 남기고 싶은 일본의 자연 100선' 등 6개의 자연 100선에 선정되었다(사진 5-4). 숲속에는 자전거길, 조깅 코스 등이 있어 시민들에게 휴식 공간을 제공한다.

사진 5-4. 시민의 휴식 공간인 '바람의 소나무 숲'
출처: 위키피디아

니가타 사구

일본 유수의 곡창 지대인 에치고 평야(越後平野)는 두 개의 큰 강인 시나노강과 아가노강이 운반한 토사가 오랫동안 퇴적되어서 형성된 퇴적 평야이다. 계절풍에 실려 온 토사와 상류에서 흘러 내려온 화산재, 연안류가 밀어 올린 해저의 모래가 해안을 따라 모래사장과 모래언덕을 만들었다.

이것이 니가타 사구(新潟砂丘)다. 니가타시에서 시바타시, 다이나이시를 거쳐 무라카미시의 세나미까지 길이는 약 70킬로미터, 폭은 최대 10킬로미터에 이르는 대사구이다. 해안선과 평행해서 길고 가는 모래 언덕이 10개나 이어지는 진귀한 모양의 지형이다.

에치고 평야는 니가타 사구와 산들로 둘러싸인 큰 분지인데, 종종 범람한 강물이 그대로 남아서 개펄(제3장 참조)이 많이 생겼다. '니가타'는 한자로 '신석(新潟)'이다. 하구에 새롭게 만들어진 석호에서 비롯된 이름이라는 설도 있다.

에치고 평야의 개발은 모래와 물과의 싸움이었다. 에도시대의 번주와 메이지 정부는 대규모의 토목 공사로 개펄에서 물을 빼고 신전을 개발했다.

해안에서는 바람이 불면 모래보라가 일어난다. 주민들은 집과 논밭이 모래에 덮이는 피해를 입었다. 역대 번주들은 그 대책을 고민했는데, 1740년경 고조 긴시치(牛腸金七)라는 마을 관리가 고안해 낸 '창살꽂이' 공법이 성공을 거두었다.

대나무와 갈대로 엮은 창살을 모래 언덕에 둘러쳐 모래의 이동을 막고 바람을 약화시켰다. 모래 언덕 뒤쪽에는 수유나무와 곰솔을 심어 모래와 바람을 약하게 만들어 피해를 줄였다. 1843년에는 관료 가와무라 나가타카(川村修就)가 바닷가의 나무를 베지 못하게 금지하고, 6년간 3만 그루의 소나무를 심었다. 1851년에는 니가타 해안 전역에 사방림(砂防林)이 완성되었다. 잘 자란 곰솔이 옆으로 비딱하게 기울어져 있는 것은 바람이 그만큼 세게 불기 때문이다.

물론 사방림을 조성하기 위해 선각자 이외에도 농민들이 많이 노력했다. 쇼나이와 아키타, 니가타처럼 번이 원조했고, 선박으로 운송업을 하는 사람과 크게 장사를 하는 사람들의 자금이 제공되었다. 뿐만 아니라 현지인들이 봉사했다. 모래 언덕 식목은 방대한 노동력을 필요로 했고, 마을 주민들이 가혹한 노동에 내몰린 지역도 있었다.

볼품없이 된 해안림

에도시대 중기 이후, 해안이 있는 전국 대부분의 번에서 식림을 시작했다. 비사나 모래 퇴적으로 인한 재해가 확산되었기 때문이다. 이후 홍수와 해충 등으로 해안림을 조성하고 유지하는 일이 중단되기도 했지만 계속 추진되었다.

예를 들어 이와테현 리쿠젠타카다시(陸前高田市)의 다카다 소나무 숲(高田松原)은, 에도시대인 1667년 다카다의 거상 간노 모쿠노스케(菅野杢之助)가 파도와 모래를 막기 위해서 식림한 것에서 시작된다. 그 뒤를 이어 센다이 번이 주민들의 협조를 얻어서 6,200그루의 곰솔을 심었다. 끊임없이 조림이 이어져서 7만 그루로 늘어났고, 일본의 명승지가 되었다. 이곳은 리쿠주 해안국립공원(현 산리쿠 부흥국립공원)이 되어 많은 관광객들이 찾아온다.

그런데 2011년 3월 동일본 대지진의 쓰나미가 이곳을 정면으로 덮쳤다. 17미터의 거대한 파도에 휩쓸려 남겨진 것은 '기적의 소나무' 하나였다. 이것도 말라서 줄기를 방부 처리하고 가지와 잎을 복제한 것을 붙여서 그 자리에 다시 세웠다. 바야흐로 부흥의 상징이다.

쓰가루 번에서는 1681년 번주 쓰가루 노부마사(津軽信政)의 명으로 쓰가루반도 효부산(屏風山) 해안림 조성을 시작하였다. 앞에서 기술한 니가타현 무라카미시의 세나미 해안에서도 1620년경부터 지역의 거상이 식림을 시작했다. 17세기 말 이후에는 무라카미 번주도 나섰다. 당초에는 소나무 숲이었으나 1970년대에 해충으로 괴멸적인 피해를 입었고, 최근에는 자원봉사자와 학생들에 의해 다시 식림이 시작되었다.

시마네현 이즈모 번에서는 1670~80년경부터 아라키하마(荒木浜)에서 식목을 시작했다. 사가현 가라쓰 번에서는 약 400년 전 가라쓰 번주 데라자와 히로타카(寺沢志摩守広高)가 방풍·방사림에 쓸 소나무 식재에 힘써 오늘날의 '무지개 소나무 숲(虹の松原)'의 기초를 다졌다. 미호노 마쓰바라(시즈오카현), '게히노 마쓰바라(気比の松原, 후쿠이현) 등과 함께 소나무 숲의 명승지로 알려져 있다.

태평양 연안 쪽으로 눈을 돌리면 고치 번의 이리노 마쓰바라(入野松原)에는 1627년에 나무가 심어졌고, 모리오카 번의 다카다 해안(高田海岸)에는 1667년부터 나무가 심어졌다. 스루가노구니 이케신덴(駿河国池新田)에는 1684년에 나무가 심어졌고, 시마즈 번의 후키아게하마(吹上浜)에는 1684년 이후에 나무가 심어졌다. 오키나와의 나하 번은 1734년부터 해안림 조성 등을 시작한 것으로 잘 알려져 있다.

현재 해안림의 대부분이 17세기 이후 조성된 것이라고 해도 과언이 아니다. 특히 동북 지방과 동해 쪽에 열심히 심었다. 일본 소나무 녹색지킴이회가 1987년에 선정한 '일본 백사청송 100선'을 보면, 이 시기에 조성되기 시작한 해안림이 많다.

소나무는 모래땅과 같이 열악한 환경에서도 생존할 수 있으며, 특히 곰솔은 염풍해에도 강해서 선사시대부터 구주쿠리하마(九十九里浜, 지바현) 해변에 널리 자생하고 있었다. 연안에 곰솔을 주로 심는 결정적인 이유는 이런 특성 때문이다.

메이지시대 초 토지를 국유지와 사유지로 구분(토지 관민 구분 사업)했는데, 소나무 숲은 국유지로 구분되었다, 여기서 국유지로 구분되지 않은 모래밭은 유지 관리하기 재정적, 기술적으로 어려워서 국유지로 받아주기를 원한다는 글을 올리는 사례가 많았다.

메이지시대 이후에는 해안 사구림의 대부분이 국가 소유로 편입되었다. 그러나 옛날 번이 존재했던 시대의 사정이나 지주의 요구에 따라, 마을 지주가 소유하고 있던 사구림은 사유지로 매각되기도 했다.

1940년 당시, 수필가 나카야 우키치로(中谷宇吉郎)는 「한여름의 동해」라는 제목의 글에서 동해의 경관을 다음과 같이 묘사했다. 여기서 그가 말하는 '어린 시절'의 바다는, 그가 나고 자란 현재의 이시카와현 가가시 부근의 바다일 것이다.

지난 10여 년 동안 '바다'라고 하면 태평양 연안의 바다밖에 보지 못했는데, 가끔 어렸을 때 매년 찾아갔던 동해 바다를 기억하면 참으로 아름다웠다는 추억이 떠오른다.

동해 연안에는 일반적으로 모래 언덕이 잘 발달되어 있다. 파도가 칠 때마다 새하얀 모래가 밀려와 작은 언덕을 만들고, 그 언덕 너머로 소나무 숲이 이루어져 있는 것이 보통이다. (생략) 소나무 숲을 지나면 새하얀 모래 해변이 아침의 강한 햇빛을 받아 눈부시게 빛나고, 그 너머로 바다가 감청색으로 빛난다. 여름날 동해의 아침 색깔만큼 아름다운 바다 빛을 그 이후에는 본 적이 없다.

소나무

일본 사람들은 소나무와 깊은 관계를 맺고 살아왔다. 거리를 걷다 보면 어디에나 소나무가 있다. 소나무는 상록수라서 겨울에도 항상 푸릇푸릇하다. 이런 모습은 생명력과 불로장수의 상징으로 여겨졌다. 소나무를 일본의 '국민 나무'라고 해도 과장된 표현이 아닐 것이다.

정원, 공원, 교정, 가로수, 신사나 사찰을 조성할 때, 분재를 할 때, 정월을 맞이할 때 일본에서는 소나무 장식을 한다. 소나무는 우키요에 등 일본화에서 자주 등장하는 소재이며, 집에는 좋은 기운을 지닌 소나무 그림 족자를 걸어둔다. 일본 고전 예능인 노(能) 등의 무대 배경을 비롯해서 문학, 시가, 유행가에도 소나무가 자주 등장한다. 전국적으로 소나무의 '송(松)' 자가 들어간 지명도 많고, 소나무를 지자체의 수목으로 지정한 곳도 군마, 시마네 두 개 현을 비롯해서 상당히 많다.

소나무는 장수하고 초록빛이 변하지 않아서 '영원하다', '변치 않는다'는 뜻으로 문학 속에 등장하는 경우가 많다.

또한 소나무는 구황식이기도 했다. 도요토미 히데요시는 1581년 돗토리 성을 포위한 제2차 돗토리 성 공격에서 철저한 봉쇄 작전을 펼치고 식량 보급을 막았다. 성안에 갇힌 천수백 명의 병사들은 바로 기근 상태에 빠져서 전사자들의 살점을 뜯어 먹는 지옥과 같은 상황이 벌어졌다. 그래서 이 싸움은 '돗토리 아사'라는 별칭도 있다. 그럼에도 3개월이나 농성을 할 수 있었던 것은 소나무의 속껍질에서 얻은 가루로 떡이나 경단을 만들어 목숨을 유지할 수 있었기 때문이라고 한다.

미끄럼 방지를 위해서 야구 투수나 체조 선수가 사용하고, 현악기 연주자가 활에 뿌리는 흰색 분말은 송진으로 만든 것이다. 제2차 세계대전 말기에는 휘발유가 부족해서 소나무 뿌리에서 얻은 기름인 송근유로 비행기 연료를 만들려고 했다. 그러나 질이 나빠서 실용화되지는 못했다. 전쟁 때 나는 이바라키현 북부로 피난을 갔는데, 마을 사람들이 커다란 소나무 그루터기에 밧줄 몇 개를 걸어 뿌리째 뽑는 것을 모래사장에 앉아서 본 기억이 있다.

소나무는 세계에 약 100종이 있으며 일본에서는 6종이 자생한다. 친숙한 것은 해안의 방풍림으로 심는 곰솔과 해변과 산지에서 흔히 볼 수 있는 적송이다. 본래 이 두 종의 소나무는 일본에서는 잘 볼 수 있는 것이 아니었다.

벌거숭이 땅이 갑자기 삼림으로 뒤덮이는 일은 없다. 먼저 양분이 없어도 살아갈 수 있는 이끼·지의류가 들어와 토양을 만든다. 거기에 개망초 같은 한해살이풀이 자라고, 얼마 뒤 참억새 같은 여러해살이풀이 그 자리를 대체한다. 그런 뒤 강한 햇빛을 좋아하고 건조한 토양에 강한 소나무나 졸참나무 등의 씨앗이 바람과 들쥐 등에 의해 퍼져나가 키 큰 나무들의 숲이 완성된다.

소나무와 졸참나무가 우거지면 그 그늘 때문에 자손이 자라지 않게 되고, 일조량이 적은 환경에서도 잘 자라는 참나무나 후박나무 등으로 대체된다. 고로 소나무는 이른바 '중간 투수'이다. 이렇게 시간의 흐름에 따라 진행되는 식물 군집의 변화를 '천이'라고 한다. 마지막으로 안정된 삼림이 '극상림(極相林)'이다.

천이 과정에서 사라질 운명이었던 소나무가 숲을 이루고 오랫동안 이어지는 것은 사람들이 관리해서 경쟁자를 없애고, 소나무가 시들면 다시 심고 가꾸었기 때문이다. 그런데 최근에는 인구가 감소하면서 관리가 어려워졌으며, 다른 종과의 경쟁에서 패하고 해충이 발생해서 소나무 숲은 쇠퇴하고 있다. 이 과정은 송이버섯의 가격 상승으로도 잘 알 수 있다.

17~18세기 신전 개발 러시 때 자연림이 파괴되었고, 이후 억새와 소나무가 세력을 펼쳐온 사실을 꽃가루 분석으로 알게 되었다. 꽃가루는 튼튼한 막으로 보호되어 개화 후 땅에 떨어져도 오랫동안 남는다. 또한 식물의 종류에 따라 형상이 다르기 때문에, 지층 속의 꽃가루를 조사하면 과거에 생육했던 종류를 대부분 알 수 있다. 그것으로 오래된 시대의 생태계나 기후 변화를 추측할 수도 있다.

곰솔과 적송의 꽃가루는 매우 비슷해서 꽃가루 분석으로는 구별하기가 어렵지만, 17~18세기 지층에 출현한 것은 주로 적송이라고 생각된다.

고대사의 수수께끼 중 하나인 「위지왜인전(魏志倭人伝)」에는 소나무가 등장하지 않는다. 「위지왜인전」은 중국 서진(西晉)의 진수(陳壽, 233~297)가 일본을 방문한 사신의 보고서를 가지고 정리한 것이다. 당시 일본 열도의 정치 사정, 왜인(일본인)의 습속과 지리, 여행 도중 목격한 다양한 동식물에 대해서도 기록되어 있다.

다만 동식물에 대해서는 원문의 종명이 일본의 어느 종에 해당하는지, 또는 실재하는 것인지 연구자에 따라 해석이 분분해서 분명하지 않은 것도 적지 않다.

동물에 대해서는 동물 연구가이자 작가인 사네요시 다쓰오(實吉達郎)가 사슴, 원숭이, 꿩 등 19종류이 실려 있다고 하는데, 호랑이나 병아리도 등장하기 때문에 신빙성에 문제가 있기는 하다.

식물도 18종이 거론되고 있는데, 이것도 같은 이유로 확신할 수 없는 것이 많다. 상수리나무, 떡갈나무, 매실나무, 마키나무 등은 확실한 것 같다. 중국의 역사서 『사기(史記)』에 "동방의 바다 위에 선인이 사는 땅 봉래가 있는데 그곳에는 소나무가 우거져 있다. 그 열매를 먹은 선인은 300세 장수를 한다"라는 글이 있을 정도로, 중국에서는 소나무가 잘 알려진 나무였다. 그런데 왜에 온 사신은 일본에서 소나무를 보지 못했다.

환경사 연구자인 야스다 도시노리(安田喜憲)는 "적송은 대륙에서 건너온 외래수로 고분 조영과 함께 각지로 확대된 것으로 보이며,「위지왜인전」시대에는 한정된 지역에 분포했다."고 추정한다. 한편 곰솔은 해안림으로 대량 식재되기 이전에는 역시 한정된 지역에 분포되었던 것 같다.

모래사장이 사라져 간다

'백사청송' 중 '청송'이 뜻하는 소나무의 역사와 현황을 살펴보았는데, 이제는 '백사'를 이야기해야겠다.

도쿄 중심의 수도권에 사는 사람들에게 백사장이라고 했을 때 가장 먼저 떠오르는 것은, 지바현에 길게 늘어진 구주쿠리하마일 것이다. 여기서 친구들과 해수욕을 한 것은 60여 년 전의 일이다. 소나무 숲을 벗어나면 눈앞에 광활한 모래사장이 펼쳐지고 그 너머로 태평양이 이어진다. 그리고 뭉게구름이 있었다. 파도가 치는 곳까지 맨발로 달려갈 때 화상을 입을 것 같은 모래의 감촉은 지금도 발가락이 기억한다. 당시에는 전국 곳곳에 이런 모래사장이 있었다.

「물떼새와 노는 지에코」는 다카무라 고타로의 시다. 정신병을 앓는 아내 지에코의 요양을 위해서 1934년 구주쿠리하마에 머물렀을 때 쓴 시다.

> 누구 하나 없는 구주쿠리하마의 모래사장에 앉아서 지에코와 놀다.
> 무수한 친구들이 지에코의 이름을 부른다.
> 치이, 치이, 치이, 치이, 치이
> 모래에 작은 발자국을 남지고 물떼새가 지에코에게 다가온다.

지금은 읽는 사람도 많지 않은 도쿠토미 로카(德富蘆花)의 소설에 등장하는 자연 묘사에도 심취해 본다. 이것은 수필집『신춘(新春)』(본명 도쿠토미 겐지로(德富健次郎)로 발표)에서 볼 수 있는 한 구절이다. 그는 1917년 이렇게 외치고 구주쿠리하마로 향했다.

> 바다로 가자. 바다, 바다밖에 없다. 이즈와 같은 부드러운 바다는 재미가 없다. 대양으로 가자. 거친 바다로 가자. 구주쿠리하마, 그래, 구주쿠리하마로 가자. (생략) 동해 쪽에도 태평양 쪽에도 꽤 긴 모래사장은 있습니다만, 구주쿠리하마만큼 아름다운 모래사장

은 없습니다.

이 글을 기억하고, 나는 바다가 그리워서 친구들과 함께 구주쿠리하마로 향했다. 어디까지나 이어지는 바다와 하늘은 예전과 다르지 않았다. 그런데 모래사장은 무참한 모습으로 바뀌어 있었다. 모래사장과 바다밖에 없었던 해안은 돌출제와 테트라포드로 둘러싸였고, 높이 22미터의 고둥 모양 전망대 '구주쿠리 비치타워'가 서 있다. 주변에는 플라스틱 쓰레기와 먹다 남은 도시락이 버려져 있다. 뒤돌아보면 콘크리트로 굳힌 커다란 주차장 건너편에 구주쿠리 유료 도로가 시야를 가로막고, 그 앞으로는 집과 음식점들이 즐비하다.

전후 얼마 지나지 않아 촬영된 사진을 보면, 폭 400미터에 이르는 광대한 모래사장이 펼쳐져 있다. 현재는 넓은 곳이라고 해도 100미터 정도이다. 장소에 따라서는 모래사장이 사라지고 없었다. 추억 속에서 새하얗게 빛나는 모래사장은 어디론가 사라졌다.

구주쿠리하마는 보소반도 태평양을 따라 66킬로미터 이어진 모래사장이다. 미나모토 요리토모(源賴朝, 12세기 일본의 무장이자 가마쿠라 막부의 초대 쇼군-역자 주)가 이 해안을 지날 때, 어디까지나 이어지는 긴 모래사장에 감명을 받고 측량을 했다. 1리(약 600미터)마다 화살을 꽂아 세워봤더니 99개라고 해서, '99리 해변'이라는 뜻을 가진 '구주쿠리하마'라고 명명했다는 전설이 있다.

사진 5-5. 해안의 테트라포드

출처: Getty Images

그런데 1970년대부터 점차 모래 공급량이 감소하면서 모래사장은 후퇴했다. 해안가에 36곳에나 있었던 해수욕장이 모래사장 침식으로 2019년에는 18곳으로 줄었다. 태풍 등으로부터 모래사장을 보호하기 위해 지바현은 1960년대 이후 방파제를 건설하고 테트라포드와 돌출제를 다수 설치했다(사진 5-5). 이제는 막힘없이 펼쳐진 웅장한 모래사장을 찾아볼 수 없게 되었다.

더 성가신 것은 해안 일대를 영역에 따라 각각 다른 부처가 관리한다는 점이다. 바닷속은 수산청, 해안선은 국토교통성, 방풍림은 지바현 임업사무소로 관할이 각각 나뉘어 있다. 법률도 삼림법, 해안법, 항만법, 어항 어장 정비법, 하천법 등으로 나뉘어 여러 조정 단계를 거쳐야 하는 등, 종적 관계가 복잡하게 얽혀 있다.

지바현은 모래사장 후퇴를 막기 위해서 테트라포드와 모래 유출을 막는 T자형 구조물인 헤드랜드(인공 곶) 등을 설치했다. 이뿐만 아니라 해안 침식을 막기 위해서 침식된 해안에 모래를 보급하고 인위적으로 해변을 조성했다. 2017년에 개최된 '구주쿠리하마 침식 대책 검토 회의'에서 침식이 현저한 구역에는 연 3만 세제곱미터의 모래를 투입해서 모래사장의 폭을 40미터로 유지할 것을 목표로 내세웠다.

지바현은 2018년에 책정한 「기후 변화 영향과 적응 대응 방침」에서, "구주쿠리하마는 21세기 말(2081년~2100년) 모래사장의 면적이 20세기 말에 비해 최대 90% 축소될 가능성이 있다"고 발표했다. 지구 온난화로 인한 해수면 상승과 모래사장 침식이 주요 요인이다.

구주쿠리하마 자연지박물관을 주관하는 생물학자 아키야마 아키오(秋山章男, 전 도호 대학교 교수)는 이치노미야 해안의 풍부한 생물에 매료되어 이곳으로 이주했고, 40년 넘게 매일같이 모래사장을 관찰해 왔다. 이사 올 당시 수백 미터였던 모래사장은 지금 10분의 1 이하로 줄어들었고, 군데군데 완전히 자취를 감춘 곳도 있다. 철새와 산란을 위해서 해변에 상륙하는 붉은바다거북도 급감했다. 그는 "해변을 보고 있으면, '일본 침몰'이 거짓이 아닌 것 같다"고 말했다.

망가진 해안 풍경

 일본의 해안선 전체 길이는 약 3만 5,295킬로미터(국토지리원)
으로 세계에서 여섯 번째로 긴 해안선이다. 환경성의 제5회 자연
환경 보존 기초 조사(1998년)에 따르면, 이 중 자연 해안은 53%,
일부 자연이 남겨진 반자연 해안은 13%, 인공 해안은 33%이다.
자연 해안의 약 20%, 반자연 해안의 약 절반이 모래사장이다(그림
5-3).

 이렇게 해안의 종류가 다양한 것은 내만 지형, 내해, 후미, 섬

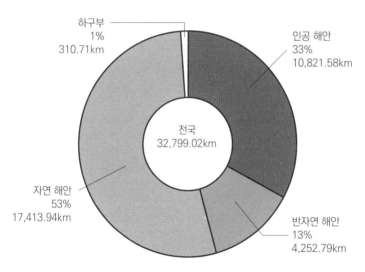

그림 5-3. 해안의 비율

출처: 환경성, 「제5회 자연환경 보존 기초조사」(1998년)

들의 해안 지형이 복잡하기 때문이다. 해류나 파도 등의 영향을 잘 받지 않아서 모래사장, 개펄, 자갈밭 등 다양한 해안이 만들어졌다.

한편 평야 이외에는 해안 바로 뒤에 산이 솟아 있는 험준한 지형이므로, 좁은 연안 지대에 산업 및 교통로가 집중되었다. 고도 경제 성장기 이후 연안 지역에는 콤비나트 등의 대규모 공업 지대가 조성되었다. 공장 지대의 용지를 확대하려 매립하거나 산업 시설을 건설하려면 바닷모래와 콘크리트 골재가 대량으로 필요해서 많은 모래를 모았다.

공업 지대에 전력을 공급하기 위해서 하천에 댐을 차례로 건설하면서, 상류에서 운반되는 모래를 차단했다. 모래 보급이 끊어지자 해안 침식이 가속화되었다. 침식을 막기 위해서 해안에는 제방, 테트라포드 등 인공물을 설치했고, 사람들은 바다에서 멀어졌다. 이렇게 일본인들이 사랑해 온 모래사장과 해안의 아름다운 경관은 자취를 감추었다. 과거 100년 동안 자연 해안의 약 60%가 매립되었고 인공화되었다.

자연 해안이 사라지면서 인기가 많았던 해수욕, 조개잡이 등 해안 레크리에이션에 대한 관심도 줄어들었다. 해수욕은 교통 체증이 심하고 주차장이 부족하며 햇볕에 탄다는 이유 등으로 기피되고, 도심의 수영장이 그 자리를 대신하고 있다.

해수욕장의 수는 『여가백서』(일본생산성 본부 발행)에 따르면, 2005년 1,277개에서 2017년 1,095개로 줄었다. 해수욕장 나들이객의 수도 1990년 약 3,000만 명이었으나 2017년에는 약 660만 명으로 크게 감소했다.

일본 재단 '바다와 일본'이 2017년 10대~20대에게 "초등학생일 때 바다에 간 날의 수"에 대해서 조사한바 약 60%가 "1년에 하루 이하"라고 대답했다. 여가가 다양해진 것도 있지만, 모래사장의 매력이 사라진 것도 큰 이유다.

파도가 치는 곳에 카메라를 설치해서 저속으로 촬영한다면 모래사장의 표정이 시시각각 변화하고 있음을 알 수 있을 것이다. 파도가 잔잔한 여름에는 모래가 퇴적되어 모래사장은 넓어지고, 파도가 높아지는 겨울에는 침식되어 축소한다.

모래사장 지형은 평탄하기 때문에 해수면 수위가 1미터만 변해도 파도가 칠 때 수십 미터가 달라진다. 일본에서는 만간조의 차이가 대략 1.5미터 정도인데, 이에 따라 바다와 육지의 경계선이 50미터 정도 이동하는 경우가 많다.

산에서 강, 강에서 바다로 토사가 운반되고, 해안 주변의 절벽이 깎이면서 모래사장이 형성되었다. 수백 년, 수천 년에 걸쳐서 자연이 만든 것이다. 난바다와 접한 파도가 높은 곳은 모래가 쌓이지 않아서 암초 해안이 되었고, 육지로 깊숙이 들어온 내만에는 진흙이 쌓여서 갯벌이 되었다. 그 중간에 발달한 것이 모래사장이다. 해류나 바람에 깎여나가는 모래와 더해지는 모래가 미묘하게 균형을 이루면서 모래사장이 존속해 왔다(그림 5-4).

연안 지역이 적극적으로 개발되기 시작한 것은 일본이 고도 경

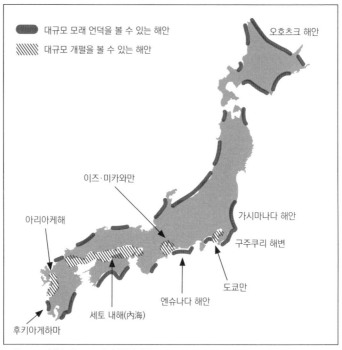

그림 5-4. 일본 대규모 퇴적 해안의 분포

출처: 2010년도 자연환경 보존 기초 조사 / 연해 지역 자연환경 정보 정비 등 업무 보고서(2011년 3월)

제 성장기에 돌입했을 무렵부터이다. 모래사장으로 이루어진 해안의 폭이 1900년경부터 1950년경까지는 크게 변화하지 않았지만, 1950년경부터 1990년경에 걸쳐서는 급격하게 좁아졌다. 고도 경제 성장기에 시작된 임해 공업 지대 조성 등을 위한 매립용 모래로 채굴되었기 때문이다.

국토교통성에 따르면 1979년부터 1992년 사이에 2,395헥타르의 모래사장이 사라졌다. 이는 도쿄 시나가와구의 면적과 맞먹는다. 전국의 해안이 평균 약 17센티미터씩 침식되고 있다는 계산이다. 일본 모래사장의 평균 폭이 30m 정도라고 하니, 약 180년 후에는 모래사장이 모두 없어질 수도 있다. 가나가와현 남부의 즈시시(逗子市)에서 지가사키시(茅ヶ崎)를 지나 오이소마치(大磯町)까지의 지역은, 그 범위를 놓고 이론이 있기는 하지만 쇼난(湘南)이라고 한다. 이 일대는 해수욕장이 이어지고 관광객과 서퍼로 붐볐다. 과거에는 이시하라 유지로(石原祐次郎), 가야마 유조(加山雄三) 등의 청춘 스타들이 등장하는 영화의 주된 무대였기 때문에 젊은이들의 문화 중심지이기도 했다. 주로 사가미강이 운반해 온 모래로 형성된 모래사장이다. 이곳의 방사림은 '백사청송 100선'에 선정되었다.

그러나 고도 경제 성장 시대에 사가미강에서 대량의 자갈이 채굴되었고, 여기에 사가미강 댐 건설, 하구에서의 준설 작업 등으로 강의 흐름이 바뀌었다. 나중에 기술하겠지만, 유입되는 토사도 감소해서 1970년경부터 해안이 두드러지게 침식되었다.

가마쿠라시에는 자이모쿠자(材木座), 유이가하마(由比ヶ浜), 고시고에(腰越), 이나무라가사키(腰越, 稻村ヶ崎) 4개의 해수욕장이 있었다. 그러나 에노시마섬과 후지산을 바라볼 수 있는 아름다운 경관으로 유명한 이나무라가사키 해수욕장은 1960년 이후, 파도가 치는 지점이 부분적으로 약 50미터나 후퇴해서 2003년에 폐

쇄되었다. 그 옆의 유이가하마도 폭이 백수십 미터나 되었던 모래 사장이 수십 미터로 좁아졌다.

오다와라시의 미유키(御幸) 해변은 1950년 당시 모래사장 폭이 200미터나 되었다. 1972년 해안선을 따라 서(西) 쇼난 우회도로가 완성되자 강으로부터의 모래 보급이 줄어서 해안 침식이 심해졌다. 1988년경에는 모래사장에 묻혀 있던 기반암이 노출되었다. 이후 테트라포드를 투입해서 침식 방지 공사를 진행했지만 효과가 없었고, 현재는 돌멩이만 가득한 '돌멩이 해안'이 되었다.

망가진 모래사장

그 외에도 경관이 망가진 모래사장은 일일이 열거할 수 없을 정도로 많다. 시즈오카시의 산보노 마쓰바라(三保の松原)는 후지산 앞으로 펼쳐진 백사장과 청송이 웅장한 경관으로 유명하다.

이호하라 기요미노자키의 산보 해변(三保浦),
그 넓고 넓은 바다를 보고 있으니
나그네의 근심도 사라지네.

『만엽집』에 실린 시다. 동화 〈날개옷 전설〉의 배경이기도 하고 '일본의 신(新) 삼경', '일본의 3대 소나무 숲', '국가 명승지'로 지정된 곳이다.

2013년에는 유네스코 세계 문화유산 '후지산 – 신앙의 대상과 예술의 원천'의 25개 구성 유산 중 하나로 등재되었다. 그러나 등재를 심의하는 국제 기념물 유적 회의(ICOMOS, International Council on Monuments and Sites)로부터 "산보노 마쓰바라에서 후지산을 바라보는 조망은 방파제 등으로 바람직하지 않으니, 세계 문화유산인 후지산의 25개 구성 유산에서 제외하라"는 권고를 받았다.

시즈오카현은 시미즈 해안 침식 대책 검토 위원회에서 이 문제를 검토하고, 테트라포드를 철거하는 등의 대책을 발표해서 결국 구성 유산으로 인정받았다. 나도 최근 30년 만에 그곳에 찾아갔는데 기억 속 아름다운 모래사장은 온데간데없고 너무나 추악하게 변해서 실망했다.

산보노 마쓰바라가 있는 시미즈 해안의 모래사장은 아베강의 모래가 오랜 시간에 걸쳐서 운반한 것으로, 시즈오카 해안에서 시미즈 해안으로 들어온 것이다. 1950년대 후반부터 1960년에 걸쳐서 연평균 약 70만 세제곱미터, 1965년 절정기에는 120만 세제곱미터의 모래와 자갈이 아베강의 강변에서 채굴되었다. 또한 사태막이둑 및 호안 공사가 이루어져서 상류로부터의 모래 공급이 격감했고, 해안선의 침식이 시작되었다.

2004년부터 해안선에서 떨어진 곳에 해안선과 평행하게 방파제를 건설하고, 헤드랜드를 건설해서 퇴적층을 보호하기 위한 대책을 세웠다. 최근에는 매년 9만 세제곱미터의 모래를 투입해서 모래사장을 보존하고 있다. 그러나 결과적으로 해안선은 울퉁불퉁해졌고, 후지산을 조망하던 이전의 백사청송은 완전히 변해버렸다.

와카야마현 시라하마초의 시라라하마(白良浜)는 글자 그대로 하얀 해변과 시라라 온천으로 유명하다. 『일본서기』에도 등장할 만큼 역사가 오래되었다. 시라라하마의 모래는 석영이 파도에 잘게 부서진 석영사로 이루어져 있다. 유리 원료나 골프장 벙커 모래로도 쓰이는 이 모래는 눈처럼 새하얗다.

모래사장에서는 파도에 휩쓸려 모래가 줄어들고 있다. 원래는 강이 운반해 온 모래가 더해지면서 모래사장이 유지되어야 한다. 그런데 시라라하마 주변은 모래 공급이 줄어들었고, 쇼와시대가 끝나는 1980년대 말부터 모래사장이 말라갔다.

이에 와카야마현은 1989년 관광객 유치를 목표로, 백사장을 지키기 위해 모래사장에 모래를 보급하는 양빈 사업을 시작했다. 이에 국내 각지에서 모래를 찾아보았지만 시라라하마와 같은 흰 모래는 찾을 수 없었다.

외국에서도 모래를 조사했는데, 오스트레일리아 퍼스의 모래가 시라라하마의 모래와 같은 하얀 모래였다. 이후 시라라하마를 유지하기 위해서 약 14만 톤의 모래를 수입했다. 수입한 모래가 날아가는 것을 막기 위해서 겨울철에는 그물망을 치고 보호한다.

늘어나는 모래 수요

1923년의 관동 대지진 재건 공사를 시작으로, 강에서 모래나 자갈이 본격적으로 채굴되었다. 재해 지역에서 가까운 다마가와(多摩川)강과 아라카와강 등의 하천 부지에서 대량의 모래와 자갈을 채굴했다. 이것을 운반하기 위해서 각지에 철도 회사가 설립되었다. 자갈을 나른다는 이유로 '자리덴(자갈 전차)'이라고 불리는 전차가 등장했는데, 이는 도큐 전철, 사가미 철도, 게이오 전철 등 수도권의 대형 민영 철도의 모체이다.

전후인 1940년대에는 전후 재건 사업으로 자갈 채굴이 전쟁 전 수준으로 활발해졌다. 일본은 고도 경제 성장기에 진입했고, 올림픽 수요도 있어서 모래, 자갈 등 골재 수요는 급상승했다. 이 결과 1960년대 후반 양질의 하천 골재는 거의 고갈해 버렸다.

대량 채굴은 다양한 문제를 야기했다. 강바닥이 낮아지면서 교각이 노출되었다. 수질이 오염되었고, 채굴한 구멍에 어린이가 빠져서 숨지는 등의 사고도 발생했다. 자갈 운반에 사용되는 덤프트럭의 과적재에 따른 사고와 소음·진동·배기가스 등 환경 문제가 사회 문제로 드러났다. 각지에서 덤프트럭 반대 주민 운동이 조직되었다. 이 결과 도로교통법이 개정되었고 단속이 강화되었다.

다마가와강에서는 1952년 빠르게 채굴 규제가 시작되었고, 점차 강화되어 1965년 다마가와 전역에서 채굴이 전면 금지되었다. 에도시대의 노면용 자갈 수집에서 시작된 자갈 채취의 역사는 이렇게 막을 내렸다. 이어 사가미가와(相模川)강, 이리마가와(入間川)강, 아라카와(荒川)강 등 수도권 주요 하천에서도 채굴이 금지되었다.

이 결과 대형 자갈업체들은 새로운 채굴지를 찾아 서쪽으로 이동했다. 시즈오카현의 후지가와, 아베, 오이가와, 덴류가와강 등 4대 강에서 자갈 생산이 급증했다. 여기서도 같은 문제가 반복되었다. 1968년 자갈 채취법 개정에 따라, 환경 파괴를 막기 위해서 강모래 채굴이 엄격히 제한되었다.

또한 자동차 통행량이 늘어나면서 노면 전차 자리덴은 교통 체증의 원흉이 되었다. 그래도 자리덴은 여기서 끝나지 않았다. 더 이상 자갈을 운반하지는 않았지만 교외로 주택지가 확장됨에 따라 사람들을 실어 나르는 교통수단이 되었고, 일부는 지하철로 바뀌어서 통근을 담당했다.

강의 자갈 채굴이 불가능해지자 업체들은 새로운 골재 공급원에서 활로를 찾았다. 오래된 하천 부지에서 파낸 산모래, 하천 주변 논의 지하 모래층에서 채취한 육사(陸砂), 바위산을 폭파하거나 파서 채굴한 암석을 파쇄기로 잘게 깨뜨려서 부순 쇄석·쇄사이다.

쇄석은 예전부터 철길에 까는 밸러스트나 도로를 건설할 때 바닥을 다지는 노반재로 사용되어 왔으나, 1960년대 중반 이후에는 콘크리트용 골재로 쓰이게 되었다. 쇄석은 한때 골재 수요의 절반을 넘길 정도로 인기가 높았다.

강모래는 채굴이 규제되면서 부족해져 1970년대에는 바닷모래가 쓰이게 되었다. 원래 강모래가 적은 서일본에서는 이전부터 세토 내해(瀬戸内海) 연안이나 규슈 등에서 얻을 수 있는 바닷모래에 의존해 왔었다. "동쪽은 강모래, 서쪽은 바닷모래"라는 말이 있을 정도다. 2000년 전후에는 세토 내해 연안 지역에서 채굴되는 자갈이 약 90%를 차지하게 되었다.

특히 세토 내해 해역은 바닷모래·바닷자갈의 대량 채굴에 악영향을 받았다. 바다 바닥을 이루는 물질이 모래에서 진흙으로 바뀌고, 채굴 시 같이 따라 올라오는 진흙 때문에 바닷물은 탁해졌다. 이에 물고기와 해조가 줄어들었다. 어장이 황폐해지자 어업 피해가 표면화되었다. 채굴에 대한 규제가 강화되면서, 1998년에는 환경 보존을 위해서 히로시마현이 바닷모래 채굴을 전면 금지했다. 이후 여러 현에서도 바닷모래 채굴이 금지되었고, 결국 2006년 세토 내해에서의 바닷모래 채굴이 전면 금지되었다.

바닷모래에는 염분이 0.02~0.3%나 함유되어 있어서, 콘크리트에 매립한 철근이나 철골이 녹슬어 강도가 떨어질 위험이 있다. 또한 콘크리트의 암이라고 불리는 알칼리 골재 반응이 발생한다. 바닷모래에 포함된 알칼리성 물질이 콘크리트를 약하게 만들어서 균열이나 비정상적 팽창을 일으키는 현상이다. 이런 현상은 특히 서일본에서 많이 보고되었다.

이를테면 1977년 한신 고속도로 교각에서 균열이 발견되었고, 1983년 산요 신칸센의 다리 등 콘크리트 구조물에서도 심각한 문제가 드러났다. 모두 건설 후 불과 10여 년밖에 지나지 않은 것이었다.

그래서 바닷모래를 수영장에 담그거나 물로 씻어내는 등 염분 농도를 일정 수준 이하로 낮추어야 한다. 일본 정부는 1989년 골 재 중 알칼리성 물질의 함유량을 제한하는 등의 대책을 내놓았다.

강모래가 되돌아왔다

강모래 채굴이 금지된 지 반세기가 지났다. 상류에서 흘러 내려 온 모래가 보충되면서 하천 토사의 퇴적량이 원상 복구되었다. 이 에 국토교통성은 모래 채굴의 규제 완화를 단행했다. 채굴 허가량 은 규제 완화를 시작한 2014년도 1년간 약 500만 세제곱미터였 는데, 2019년도에 약 1,000만 세제곱미터로 배증했다. 현명하게 이용하기만 하면 모래도 재생 가능한 자원이다.

골재의 공급을 되돌아보면(그림 5-5) 1989년도부터 8년간 공급 량이 가장 많았다. 이 골재 중 반 이상이 쇄석으로 전체 골재 수요 의 70%를 넘어섰다. 나머지 약 4억 1,000만 톤이 모래 등의 자연 골재이다.

2016년이 되자 골재의 총 공급량은 약 3억 6,000만 톤으로 줄 어들어, 가장 많았을 때의 40%까지 급감했다. 특히 강모래는 1979년도까지만 해도 1억 톤이 넘어 자갈 전체의 4분의 1을 차 지했는데 2016년도에는 1,200만 톤까지 줄었다.

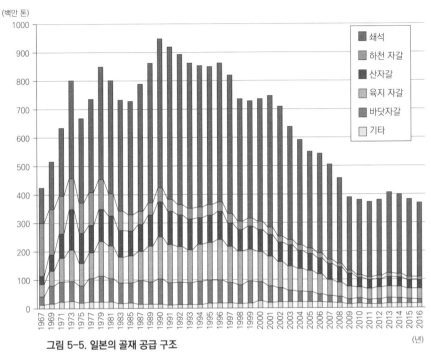

그림 5-5. 일본의 골재 공급 구조

출처: 경제산업성 주택산업 도업건축자재과

시멘트의 연간 생산량은 1990년대에는 9,000만 톤에서 1억 톤 사이의 추이를 보였는데, 2000년 이후에는 약 8,000만 톤이었고 최근에는 경제가 침체되고 신규 건설의 수요가 감소하면서 연간 6,000만 톤 전후로 보인다. 이 중 60% 가까이가 건설용 레미콘으로 들어갔다.

1990년대 불황 이후 자갈 수요의 성장세가 안정되었다고 하는

데, 일본 국내에서는 환경 보호, 도시화로 인한 쇄석 채굴지의 감소, 강모래, 바닷모래 채굴 규제에 의해 골재 공급이 지연되었다.

일본은 2019년 125만 톤의 모래를 수입했다. 모래 수입량이 가장 많았던 2009년에 비해 거의 3분의 1로 줄었다. 공급처는 오스트레일리아가 75%를 차지하고 나머지는 베트남과 말레이시아다. 2007년 당시 최대 공급처였던 중국이 수출을 금지하면서 일본 건축업계는 콘크리트용 모래를 확보하기 위해 비상이 걸렸다.

바닷가에 만연한 테트라포드

모래사장의 침식을 막고 해안 재해를 더 효과적으로 방지하기 위해서 1956년 해안법이 제정되었다. 이 결과 해안 정비를 위해서 일본 전국 해안에 제방을 설치했다.

테트라포드를 세계에서 최초로 사용한 나라는 1949년 2차 대전 직후의 프랑스다. 해안에 새로운 화력 발전소를 건설할 때 호안(護岸) 공사를 위해서 테트라포드를 투입한 것이 세계 최초라고 한다. 1961년 일본 기업이 프랑스로부터 테트라포드 제조 특허를 사들였다.

고도 경제 성장시대 연안이 개발되면서 테트라포드는 일본에서 대량으로 사용되었다. 제조사 카탈로그에는 뿔이 8개 있는 블록, 안이 빈 삼각 블록 등 120종 이상의 다양한 형태의 테트라포드가 소개되고 있다. 파도의 에너지를 소멸시키기 위해 한 개의 무게가 0.5톤에서 110톤이나 된다. 현재는 뿔이 4개 있는 모양이 표준형인데, 한 개에 20만 엔 정도라고 한다.

테트라포드가 대량 투입되면서 일본의 해안은 추악해지기 시작했다. 둑 등의 인공 구조물과 테트라포드가 쌓여 있는 것이 보통의 해안의 모습이라는 인식이 정착되었다. 높은 파도를 막는 등의 방재 효과는 있지만, 모래사장으로부터의 모래 보급을 차단해서 모래사장 침식을 심하게 만드는 역효과를 초래했다.

일본을 사랑해서 국토교통성으로부터 'VISIT JAPAN 대사'로도 임명을 받은 미국인 문화 연구가 알렉스 카는, 저서 『개와 도깨비 – 알려지지 않은 일본의 초상』에서 분노와 슬픔으로 가득 찬 목소리로 일본을 비판하고 있다. 분노의 화살은 파괴된 자연과 도시 경관뿐 아니라 콘크리트로 굳어진 아름다운 산천으로도 향했다.

(자연 파괴는) 강이나 계곡뿐만이 아니다. 가장 아픈 곳이 바닷가다. 1993년에 전체 바닷가의 55%가 콘크리트 블록과 테트라포드로 완전히 뒤덮였다. (생략) 해안선은 콘크리트로 굳어졌고, 무수한 테트라포드가 회색으로 쌓인 풍경을 일본 어디에나 볼 수 있다. 참으로 화가 나는 모습으로 바뀌었다.

해안을 보고 있으면 이곳이 쇼난 해안인지, 지바 해안인지, 혹은 오키나와인지 거의 분간을 할 수 없을 정도다. 무게가 50톤이나 되는 테트라포드는 빅 비즈니스다. 관료들에게는 구미가 당기는 일이다. 국토교통성과 농림수산성은 매년 각각 수백억 엔을 들여서 테트라포드를 만들고 해안에 뿌린다. (후략)

여러 나라의 바다를 방문해 본바, 군사적 목적을 겸해서 테트라포드를 부설하고 있는 한국의 해안 지대를 제외하고 일본은 비정상적으로 테트라포드를 많이 설치하고 있다는 생각이 든다. "일본의 아름다운 연안 풍경을 망치고 있다"는 비판은 국내뿐 아니라 외국인 관광객들로부터도 많이 듣는다. 삶의 터전으로서의 모래사장이 소실되어서뿐만 아니라 자연을 보호하자는 입장에서도 비판을 받고 있다. 바다거북이 산란을 하지 못하게 하고 해안 식생을 파괴하는 등 생태계에 미치는 악영향이 문제가 되고 있기 때문이다.

테트라포드의 효과도 의문시되고 있다. 파도 작용으로 오히려 모래 유실이 빨라지고 해안의 침식이 심해진다고 지적하는 전문가도 있다. 미국에서는 1980년대 메인주를 시작으로 테트라포드의 부설을 금지하기 시작했다. 사우스캐롤라이나주 정부는 1988년 설치된 테트라포드를 모두 철거하라는 명령을 내린 바 있다.

테트라포드가 바닷속에서는 물고기들이 모여들고 번식하는 어초 역할을 한다고 하지만, 그 악영향이 문제가 되고 있다. 환경성 부속 생물 다양성 센터의 조사에 따르면, 지바현 다테야마시(館山市) 등에서는 테트라포드를 설치한 후 해조장이 소멸해 버렸다. 테트라포드는 해안 침식을 방지하기는커녕 오히려 생태계를 파괴했다.

해조장은 바닷가 연안 중에서 햇빛이 들어가는 수심에서 다양한 해조류들이 무성하게 자라 '바다의 숲'이라고도 한다. 해조나 해초가 밀집해 살아가고 수생동물이 산란하고 서식하는 곳이다. 그 외에도 수중의 유기물을 분해하고 영양염류와 탄산가스를 흡수해서 산소를 공급하는 등 바닷물 정화에 큰 역할을 한다.

국토교토성은 2003년에 발표한 '아름다운 나라 만들기 정책 대강령'에서 경관 저해 요인이 되고 있는 테트라포드 제거를 한 방안으로 내걸었고, 실제로 시즈오카현 후지 해안 등에서 테트라포드를 철거하고 인공 리프(수중 방파제)로 대체했다. 인공 리프란 해안에서 조금 떨어진 바다의 해저에 해안선과 평행하게 쌓는 인공 암초이다.

이런 비판으로 인해 1999년에는 방재만이 아니라 환경과 이용을 배려한 '신(新) 해안법'이 제정되었다. 침식뿐 아니라 바다 위를 떠다니는 플라스틱 쓰레기와 해역 수질 오염에 더해 해양 레크리에이션의 다양화로 모래사장을 둘러싼 해양 환경이 크게 달라졌기 때문이다.

또한 테트라포드는 모양이 불안정하고 미끄러워서 낚시꾼들이 물에 빠지는 사고가 끊이지 않는다. 테트라포드 사이의 물줄기는 복잡하게 소용돌이치기 때문에 한 번 빠지면 혼자서 빠져나올 수가 없다. 테트라포드에서 일어난 사고를 목격한 사람의 이야기에 따르면, 바로 옆의 테트라포드에서 낚시를 하고 있던 사람이 한순간에 사라져 찾아보니 테트라포드에 끼어서 숨겨 있었다고 한다. 시신을 수습하는 데도 어려움을 겪었다고 한다.

댐에 퇴적되는 모래

모래사장이 말라가는 것은 댐 때문이기도 하다. 댐은 강물을 막는데, 동시에 상류로부터의 토사도 막는다. 토사가 댐에 쌓이는 것이 퇴사(堆砂)이다. 원래는 바다까지 운반되어 모래사장에 모래를 공급해야 하는데, 그 4분의 1가량이 댐에 붙잡혔다.

다목적 댐에는 물을 하류에 흘려보내기 위한 방수로라는 배수구가 마련되어 있다. 폭우 등의 경우에는 대량의 물을 배출하기 위해서 홍수 방수로라는 설비도 있다. 이때 퇴적된 모래도 같이 흘러 나간다.

하지만 고도 경제 성장기에 왕성하게 만들어진 수력 발전 댐의 경우, 저수지 바닥에 토사가 쌓여도 물의 낙차가 충분하면 발전 기능에 문제가 생기지 않으므로 배출 장치가 마련되어 있지 않다. 그래서 토사가 계속 쌓이고 있다.

댐은 건설할 때 바닥에 퇴적될 100년 치 토사량을 상정해서 댐 저수지의 용량을 정한다. 그런데 예상보다 훨씬 빠른 속도로 퇴사가 진행되는 댐이 적지 않다. 상정한 용량을 초과하면 댐 저수지에 쌓인 토사로 인해 이수나 치수에 쓰일 댐의 용량이 줄어들어,

댐 기능을 제대로 할 수 없게 된다.

전국 558개 댐을 소관하고 있는 국토교통성의 보고서「국토교통성 소관 댐의 퇴사 상황에 대해서」(2017년)에 따르면, 588개 댐 중 44개에서 퇴사량이 상정된 양을 초과했다. 퇴사량이 상정된 양을 초과한 댐 중 하나인 사가미 댐(가나가와현)은 총 저수 용량의 약 3분의 1이 토사로 메워져 있다.

2000년에 완성한 미야가세 댐도 벌써 상정한 퇴사 용량의 3분의 1이 초과되었다. 미야가세 댐의 총 사업비는 완공 당시 약 3,970억 엔으로, 얀바(八ッ場) 댐(군마 현) 다음으로 고액이어서 국회에서도 문제가 되었다.

얀바 댐은 민주당 정권하에서 사업이 중단되었다가, 정권 붕괴 후 부활했다. 이 역시 100년 치 퇴사 용량을 계산했다고 하지만 기존의 다른 댐과 마찬가지로 너무 적게 상정되었다는 비판을 받고 있다.

거대 댐으로는 덴류강의 사쿠마(佐久間) 댐(시즈오카·아이치현, 1956년 완공)에 쌓인 토사의 양이 퇴사 용량의 배에 가깝고, 나카가와강의 나가야스구치(長安口) 댐(도쿠시마현, 1956년 완공)에서는 퇴사 용량의 3배 가까운 토사가 쌓여 있다. 구마가와강에서는 유역 주민들의 반대 운동으로 2018년 아라세(荒瀬) 댐(구마모토현)이 철거되었지만, 아직 남아 있는 세토이시(瀬戸石) 댐(1958년 완공)이 하천 환경을 개선하는 데 장애가 되고 있다며 철거 운동이 계속되고 있다.

이 밖에도 준설로 간신히 퇴사 용량을 기준치 이내로 유지하고 있는 댐으로는 홋카이도의 니부타니(二風谷) 댐과, 영화에도 등장한, 일본의 대표 댐이라고 할 수 있는 구로베(黑部) 댐(토야마현, 1960년 완공)이 있다.

토네가와 수계의 댐으로서 얀바 댐과 같은 시기에 계획된 시모쿠보(下久保) 댐(1968년)에서도 준설 작업이 진행되고 있다. 설계 당시 100년 치 퇴사 용량을 1,000만 세제곱미터로 설정했는데, 퇴사량은 벌써 937만 세제곱미터이다. 상정한 것보다 거의 배의 속도로 퇴사가 진행된 셈이다.

댐을 설계할 때 퇴사 용량을 결정하는데, 당시 댐의 효과를 크게 보이기 위해서 예측을 느슨하게 했을 경우가 많다. 제2차 세계대전 이후 대량으로 건설된 댐들이 눈에 띄게 노후화하고 있고, 또한 퇴사가 진행되고 있다. 다른 시설들과 마찬가지로 댐 유지 관리비가 국민의 큰 부담이 되어서 되돌아오고 있다.

삼림 포화와 모래사장

"일본의 삼림은 남벌되어서 황폐해졌고, 계속 줄어들고 있다"고 믿는 사람이 내 주변에도 많다. 태풍이나 집중 호우 등으로 대규모 토사 재해나 수해가 발생할 때마다 언론 등에서는 삼림 파괴의 책임을 추궁했다. 확실히 에도시대 중기 이후 메이지 유신의 혼란기와 그 후의 급속한 근대화, 나아가 제2차 세계대전 전후를 거치면서 일본 삼림의 면적은 꾸준히 축소되었다. 그러나 지금은 상황이 크게 달라졌다.

임야청의 「2018년도 산림·임업 백서」에 따르면, 일본의 삼림 면적은 1966년부터 2017년까지 약 2,500만 헥타르로 거의 일정하다(그림 5-6). 그러나 수목 부피의 총합인 축적 삼림은 매년 약 6,600만 세제곱미터씩 계속 증가해서, 지금 거의 2.8배가 되었다(그림 5-7). 성장이 빠른 인공 숲만 보면 59배나 증가했다. 재래 공법으로 100미터짜리 목조 주택을 짓는다면 340만 채나 지을 수 있는 양이다.

전쟁으로 인해 황폐해진 처지에서 벗어나기 위해 일본인들은 삼림 부활에 자금과 노력을 아끼지 않았다. 전쟁이 끝나고 1946년에는 국토 보존과 수원 보존, 목재 확보를 목적으로 거국적 식림을 시작했다. 그런데 심은 삼나무·편백나무가 자랄 동안, 임업에서는 목재 수입을 자유화해서 해외에서 들어오는 목재만으로도 노동력이 부족할 정도였다. 이에 벌목되지 않고 방치된 인공림은 늘어나기만 했다.

이런 역사를 더듬어보면, 최근 모래사장이 앙상한 이유가 새롭게 보인다. 연평균 매년 100~200헥타르의 모래사장이 소실되었다. 그 속도는 과거 70년간 연 평균치의 2배 이상이다. 오타 다케히코(太田猛彦, 도쿄대학교 명예교수)는 그의 저서 『삼림 포화 ─ 국토의 변모를 생각한다』에서 모래사장이 소실된 원인에 대해서 다음

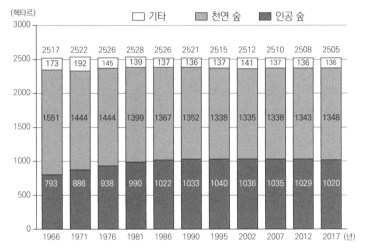

그림 5-6. 일본의 삼림 면적

출처: 임야청, 「2018년도 삼림 임업 백서」

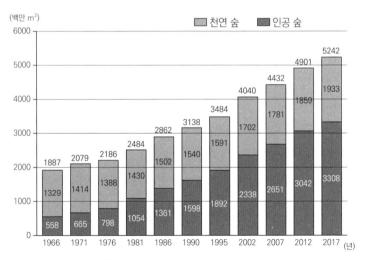

그림 5-7. 축적 수목의 총 부피

출처: 임야청, 「2018년도 삼림 임업 백서」

과 같이 지적했다.

삼림이 계속 축적되면 수목으로 덮인 땅의 면적이 늘어난다. 이 말은 나무뿌리가 토양을 꽉 잡아서 강으로 흘러 내려가는 토사의 양이 줄어든다는 것이다. 줄어드는 백사장의 양과 산지에서 유출되는 토사의 감소량은 비례한다.

그동안 해안에 공급되는 토사의 양이 줄어든 원인을 자갈 채굴과 댐 등 하천 구조물 등으로 추정했다. 오타는 이것도 인정하지만, 1960년 전후부터 하구의 토사 퇴적이 줄어들면서 모래부리와 모래섬(제3장 참조)으로 인해 하구가 폐색되는 일이 줄어든 사실을 언급했다. 하구가 폐색되면 홍수가 발생하거나 강물이 범람할 위험이 높아진다.

모래사장이라고 하면 교토에 있는 아마노하시다테(天橋立)가 유명하다. 이곳은 일본 3경 중의 하나로 국내외에서 많은 관광객이 찾는다. 그러나 상류로부터의 토사 공급이 줄어들면서 침식이 진행되어 과거에 활 모양이었던 아름다운 곡선은 상당히 비뚤어졌다. 경관을 유지하기 위해서 모래를 운반해 와서 투입하거나, 모래를 펌프로 빨아올려 침식된 부분으로 이동시키는 샌드 바이패스 공법으로 경관을 유지하고 있다.

모래사장의 소실과 인공화로 해안 지대 생물들은 심각한 피해를 입고 있다. 모래사장은 바람과 파도로 지형이 바뀌어서 바닷바람에 노출되었고, 직사광선에 건조되어 동식물에게는 참으로 살기 힘든 환경이 되었다.

바다거북은 모래사장에만 산란한다. 환경성의 조사에 따르면, 전국의 대표적인 바다거북 상륙지 120곳 중 47곳에서 상륙하는 바다거북의 수가 감소했다. 예를 들어, 도쿠시마현 아난시의 가모다미사키 해안(蒲生田海岸)에서 1950년대에는 연간 700회의 상륙이 기록되었지만 최근에는 50회도 되지 않는다.

어업에서의 섞어 잡기, 이른바 혼획(混獲)과 레저로 모래사장이 어수선해졌고, 바다거북이 싫어하는 조명이 해안에 설치됐으며 산란 장소인 해변이 감소한 것이 큰 원인이다. 국제자연보전연맹(IUCN, International Union for Conservation of Nature and Natural Resources)에서 멸종 위험성을 시사하는 '레드 리스트'에 대부분의 바다거북은 멸종 위기종으로 지정되어 있다.

예로부터 바다거북이 산란을 위해서 상륙하는 각지의 해안에서는 다양한 배려를 했다. 예를 들어 효고현 도반 해안(東播海岸)에서는 모래를 투입해서 산란장을 마련했고, 아이치현 도요하시시 오모테하마(表浜) 등에서는 바다거북이 상륙하는 데 장애가 되는 테트라포드를 다른 곳으로 옮겼다.

일본자연보호협회는 전국 해안의 자연환경과 해변 식물의 생육 상황을 조사해 왔다. 그 결과 해안에 제방이나 테트라포드 등 구조물이 설치된 모래사장이 878개 중 760개로 87%를 차지하고 있었다. 해빈식물의 생육 종류 수를 보면, 6종 이상의 토종 해빈 식물을 볼 수 있는 모래사장이 약 7%에 불과하다. 대신 외래 식물의 침입이 두드러졌다.

제6장

이후의 모래 문제

물도 공기도 모래도

일본 열도는 물이 풍부해서, 물은 자원으로 여기지도 않았다. "물 쓰듯"이라는 표현으로도 잘 알 수 있다. 수도권에서는 1960년 전후부터 인구가 급증했다. 동시에 고도 경제 성장 정책을 배경으로 수돗물 사용량은 급증했고, 물 부족이 심각해졌다. 이 무렵부터 정부도 산업계도 물을 자원으로 생각하기 시작했다. 1961년 수자원 개발 촉진법이 제정되어, 법률에도 '수자원'이 등장했다.

수도권에서는 1960년대에 비가 거의 내리지 않는 가뭄이 계속되었다. 도쿄도민의 수원지인 오고우치 댐과 무라야마·야마구치 저수지는 말라서 바닥이 드러났다. 도쿄 시내에는 모래 먼지가 흩날렸고, 언론은 '도쿄 사막'이라고 보도하기까지 했다.

1964년에는 최대 50%까지 수도의 급수를 제한했다. 이 해 아시아에서 최초로 개최되는 올림픽이었던 도쿄 올림픽이 열렸다. 물이 부족한 상황에서 과연 올림픽을 개최할 수 있을지, 정부도 국민도 조마조마한 마음으로 개회식을 맞이했다. 급수 제한은 통산 1,259일에 이르렀고, 물이 귀중한 자원임을 일본인들은 깨달았다.

세계에서도 지역에 따라서는 수자원 문제가 심각하다. 소비되는 물의 70%는 농업용수이며, 물 부족은 기아 및 지역 분쟁으로 직결된다. 특히 강우량이 적은 건조 지대에서는 땅속 깊은 곳의 화석수에까지 손을 뻗었다. 화석수는 태고에 생성되어 지하의 거대한 대수층(물을 함유한 다공성 암석으로 이루어진 지하층-역주)에 축적된 인류의 마지막 수자원이다.

미국 중앙부 대초원지대 지하의 오갈랄라 대수층(Ogallala Aquifer)은 8개 주에 걸쳐 있는데, 여기서 퍼 올린 용수가 미국 농지의 27%에 물을 대고 있다. 과도하게 물을 퍼 올려서 지하 수위가 연간 1.5미터나 내려간 지역도 있다. 이 대수층은 향후 50년이면 고갈된다고 한다. 수만 년에 걸쳐서 땅속에 저장된 물이 사용되기 시작한 지 불과 수십 년 만에 고갈될지도 모르는 상황이다.

그 외에도 이집트, 리비아, 사우디아라비아, 이스라엘, 요르단, 인도 등의 건조 지대에서는 18억 명이 화석수에 의존해서 생활하고 있는 것으로 알려졌다. 부분적이기는 하지만 이미 수자원이 소진되기 시작했다.

각지의 관광지에서는 공기 통조림을 팔고 있다. 유명한 것은 '후지산의 공기'이다. 이름 그대로 후지산의 공기가 담긴 통조림이다. 니혼 헤이세이무라(日本平成村, 기후현 세키시)에서는 '헤이세이의 공기 캔'을 팔고 있다.

심각한 대기 오염이 사회 문제가 되고 있는 중국에서도 공기는 인기 상품이다. 광둥성 칭위안시에 있는 진쯔산은 삼림으로 둘러싸인 경승지로 대기 오염과는 무관한, 자연이 풍부한 땅이다. 해발 1,400미터나 되는 봉우리와 봉우리 사이에 놓인 스릴 넘치는 다리와 유리 계단으로 된 등산로가 유명하다.

여기 선물 가게에는 "신선한 공기 있습니다"라는 간판이 걸려 있다. 죽순, 산나물 등과 함께 공기를 채운 비닐봉지가 즐비하다. 큰 봉지는 30위안(약 4달러), 작은 것은 10위안(약 1.5달러)이다. 손님들 앞에서 봉투에 공기를 넣어준다.

판매자는 광저우, 홍콩, 선전, 둥관, 마카오 등 대기 오염이 심한 도시에서 온 관광객들이 재미 삼아 이 상품을 찾는다고 말했다. '공기 상품'은 각지의 관광지에서도 판매되고 있다. 관광객들이 기념품으로 가져가 타지의 신선한 공기를 마시고 즐긴다고 하니 좀 안타까운 이야기다.

공기 선물은 그냥 재미난 이야기라고도 할 수 있지만, 현재의 세계를 보면 '공기 자원'이라는 말이 생겨도 이상하지 않을 정도로 공기가 귀해지고 있다. 남아시아, 동남아시아, 중동 355개 도시 중 세계보건기구(WHO, World Health Organization)가 정한 연간 대기 환경 기준을 충족하는 곳은 고작 6개 도시에 불과하다.

특히 대기 오염이 심한 인도나 중국 등의 거리를 걷다 보면, 숨 쉬기조차 힘들어서 통조림이라도 좋으니 깨끗한 공기를 마음껏

마시고 싶다는 생각이 든다.

최근 일본에서는 흉어가 계속되었다. 가다랑어, 꽁치, 연어, 오징어, 대구 등 사람들이 좋아하는 생선이 잘 잡히지 않아서 가격이 고공 행진하고 있다. 세계 1인당 어육 소비량은 지난 반세기 동안 배증했다. 그에 따라 생선이 남획되면서 많은 수산 자원이 고갈되었다.

세계 수산물의 상황은 비참하다. 생선은 필수 단백질이며 인류가 소비하는 단백질의 16%를 담당하고 있다. 아시아에서는 28%, 아프리카에서는 21%로 나라에 따라 의존도가 다르다.

생선은 재생 가능한 자원이기는 하지만, 한계를 넘어선 어획으로 생선 개체 수가 감소하고 있다. 유엔식량농업기구(FAO, Food and Agriculture Organization)는 "상업 어종의 절반은 어획량이 한계에 달해 생산량을 늘릴 여지가 없다"고 한다. 그럼에도 어획량이 줄어들지 않는 것은 어선과 도구의 성능이 발달하면서 어획 능력이 현격히 좋아졌기 때문이다.

FAO의 자원 평가 보고에 따르면 남획 상태에 있는 어종은 33%에 이르고, 자원이 이제 더 이상 없어지기 직전까지 잡힌 것은 60%가 넘는다. 이대로 소비가 늘어나면 2050년경에 이르러는 세계 어업이 완전히 붕괴될 가능성이 있다.

한편 외형이 기괴한 심해어가 매장에 진열되고 있다. 황아귀, 은대구, 돌대구, 파랑눈매퉁이 등 심해어는 생태도, 잡을 수 있는 양도 거의 알려져 있지 않다. 이대로 계속 잡으면 꽁치나 오징어의 전철을 밟지 않는다고는 할 수 없다.

　같은 일이 산림 자원에서도 일어나고 있다. 세계의 산림 면적은 벌목이나 산불에 의해 1990년에서 2015년 사이 1.3억 헥타르 감소했다. 일본 열도 3개분 이상의 면적의 삼림이 사라진 셈이다. 식량 증산을 위한 개간이 진행되면서 가난한 나라에서는 에너지원인 땔감에 점점 더 의존하게 되었고, 선진국에서는 건축재와 종이 수요가 늘고 있기 때문이다. 게다가 북미와 호주에서는 최근 대규모 산불이 끊이지 않고 있다.

　이산화탄소의 흡수원인 삼림이 손실됨으로써 지구 온난화가 가속되고 있으며, 자연재해가 증가하고 있다. 최근 코로나19, 에볼라바이러스, 조류 독감과 같은 신흥 감염병이 유행하고 있는 것도 삼림 파괴와 무관하지 않다고 본다.

　예를 들어 삼림에 사는 박쥐는 사람에게 감염되는 61종의 바이러스를 보유하고 있는 것으로 알려져 있다. 세계적 유행을 일으킨 코로나19도 그중 하나다. 삼림 파괴로 숲에서 쫓겨난 박쥐가 사람이 사는 곳으로 파고들어 사람들에게 바이러스를 감염시킨 것으로 의심된다.

　모래, 물, 수산물, 공기에서 일어나고 있는 일은 '코먼스의 비극'이다. 2019년 2월 각국 지도자들이 참여한 세계경제포럼(WEF, World Economic Forum)에서는 다음과 같이 경고했다.

　"지구의 자원은 수탈당했다. 이에 자연은 위기를 맞이했고 지속 불가능한 상태가 되었다."

세계 인구에 관한 낙관론

낙관적인 시각도 소개하지 않으면 불공평할 것이다. 유엔의 인구 증가 시나리오에서는 "향후 30년 동안 20억 명이 증가해, 2100년 최고치에 달했을 때는 지금보다 40%가 많은 109억 명이 될 것"이라고 예측했다. 이제까지는 "지구가 과연 이 정도의 인구를 감당할 수 있을까"라는 의문에 집중해 왔다. 반면 이 시나리오가 과대한 예측이라고 의문을 제기하는 연구자도 적지 않다.

미국 워싱턴 대학교 연구진은 2020년 7월 영국 의학지『랜싯 Lancet』에 게재한 논문에서 "2100년 세계 인구는 88억 명으로 멈추어서, 유엔이 예측한 인구보다 21억 명 적을 것"이라고 발표했다. 출산율 저하와 인구 고령화가 원인이라고 한다.

이 논문에 따르면 일본, 스페인, 이탈리아, 태국, 포르투갈, 한국, 폴란드를 포함한 20개국 이상에서는 2100년 경에는 인구가 반감되고, 중국도 향후 80년 사이에 현재 14억 명에서 7억 3,000만 명으로 줄어든다. 일본 인구는 2020년 3월 1억 2,600만 명에서 2100년 6,000만 명으로 급감할 것이다.

2019년 캐나다의 언론인 존 이빗슨과 통계학자 대럴 브리커는 공저『텅 빈 지구 ─다가오는 인구 감소의 충격Empty Planet: The Shock of Global Population Decline』를 출간했다.

이 책에서는 종전과는 전혀 다른 미래를 예측한다. "앞으로 30년 안에 세계 인구는 줄어들기 시작할 것이며, 감소가 시작되면 다시는 증가세로 돌아서지 않을 것이다. 2100년에는 세계 인구가 70억에서 80억 정도가 될 것이다"라는 전망이다.

개발도상국에서는 여성의 교육 수준이 높아지면 출산율이 떨어진다. 이것은 인구 정책과 관련된 전문가들의 공통된 인식이라고 해도 좋을 것이다. 예를 들어, 교육받은 여자는 혼기를 늦추고 계획적으로 출산하는 것을 배운다. 그 결과 인구 증가가 억제된다. 세계은행은 여성을 대상으로 교육 기간이 1년 늘어나면 도시에서 사는 사람들의 출산율은 10% 떨어진다고 보고했다.

두 저자는 델리의 슬럼가와 상파울루 병원에 숨어 들어가기도 하고, 나이로비의 술집에서 젊은이들과 이야기를 나누기도 했다. 여기서도 생활비나 교육비 증가로 도시에서 사는 사람들의 출산율이 저하한다는 사실을 실증했다.

그들은 또한 젊은이들이 스마트폰을 능숙하게 사용하는 것을 보고 깨달았다. 그녀들은 글씨를 읽을 수 있고 방대한 데이터에 접근할 수 있다. 학교 밖에서도 훌륭한 사회 교육을 받고 있다는 것이다. 26개국의 여성들에게 "몇 명의 자녀를 갖고 싶은가"라는 질문을 했더니 답은 예외 없이 2명 안팎이었다. 이제까지 대가족 속에서 여성에게 출산을 강요했던 압력이 어디에서나 사라지고 있었다. 이런 경향은 특히 개발도상국에서 두드러졌다.

오랫동안 아프리카와 아시아 등 개발도상국에서 생활한 나의 감으로 말한다면, 확실히 젊은 여성의 의식은 크게 바뀌어 가고 있다. 스마트폰으로 세계와 연결된 것이 의식 개혁의 원동력이 되었고, 이것은 박수를 보낼 일이다.

그런데 2020년 78억 명을 넘어선 세계 인구가『랜싯』에 실린 논문에서 제시한 바와 같이 88억 명 이내로 안정된다고 해도, 앞으로 10억 명은 더 늘어난다는 계산이다. 이것은 세계 인구 랭킹 3위부터 6위까지의 나라인 미국, 인도네시아, 파키스탄, 브라질 4개국의 인구만큼 더 많아진다는 셈이다. 게다가 그 90%가 도시에서 탄생한다(제1장 참조). 인류의 위기가 계속된다는 사실은 변함이 없다.

동시에 모래의 위기이기도 하다. 국제 시장 조사업체의 조사에 따르면, 합법·불법 모래 채굴이 멈추지 않아서 모래 매장량은 전 세계적으로 줄어들었다. 그 결과 모래 값이 상승하고 있다.

세계 골재 소비의 거의 절반을 차지하고 있는 중국을 비롯해서 인도, 인도네시아, 베트남, 말레이시아 등 아시아 각국, 아프리카 중동 지역 등에서도 모래 소비가 급증하고 있다.

중국은 댐 등 거대 인프라 정비 3년 계획(2018년~2020년)을 추진하고 있다. 이와 동시에 인도도 2020년까지 완공 예정인 철도 및 고속도로망 건설 등 인프라 개발을 추진하고 있다. 인도네시아는 경제 성장 가속화를 목표로 공항 25개와 새로운 발전소 건설 등 야심찬 종합 프로젝트를 책정했다. 2020년부터 2024년까지 사상 최고액인 약 6,000조 루피아(약 45조 1,500억 엔)를 투자한다.

기타 아세안 국가들도 급속한 경제 발전으로 도로·철도망, 공항·항만 증설, 송전망과 발전 시설 확장, 도시 인프라 정비 등의 계획이 추진되고 있다. 이 모든 계획에서 방대한 양의 콘크리트를 소비할 것이다.

폐자재의 재사용

일본의 철근 콘크리트 건축물의 법정 내구 연수는 47년이다. 내구 연수는 통상적인 사용으로 감당할 수 있는 기간이다. 감가상각 자산(시간이 지남에 따라 그 가치가 감소하는 자산-역주)은 상당 기간 기능을 다할 수 있으나 해당 기간이 경과되면 폐기물로서의 가치밖에 가지지 못하는 것이 보통이다. 따라서 세법상 감가상각자산 계산에 사용되는 것이다. 실제 수명은 유지 보수 등에 따라 크게 다르지만, 일반 아파트의 내구 연수는 50~60년으로 알려졌다.

일찍이 고도 경제 성장기에 '질보다 양이 중시되었던' 일본의 주택은 기능이 떨어지고, 서구에 비해 중고 주택 시장이 확립되어 있지 않다. 게다가 가족 구성 변화에 대응할 수 있는 리모델링이 어려워서 재건축해야 한다.

철근 콘크리트 아파트가 보급되기 시작한 것은 1차 아파트 붐이 일었던 1963년 이후다. 초기에 건설된 아파트가 수명을 다하면서 건설 폐기물 배출량이 증가했다.

일본의 건축 폐기물 배출량은 2018년 약 8만 톤으로, 전체 산업 폐기물 배출량의 약 20%, 불법 투기량의 약 70%를 차지했다.

국토교통성은 2002년 '건설 공사와 관련된 자재의 재활용 등에 관한 법률'(건설재활용법)을 시행해서, 바닥 면적 합계가 80제곱미터 이상인 건축물을 대상으로 해체, 신-증축, 수리 등에 따라 발생하는 콘크리트, 철, 목재, 아스팔트 등을 재활용할 것을 의무화했다.

이 결과 건축 폐기물의 재자원화율이 1995년에는 58%였는데, 2018년에는 97.2%까지 증가했다. 재자원화율이란 폐기물 배출량에서 차지하는 재사용량(재생 이용량 포함)의 비율이다. 콘크리트 폐자재만 보면 최근 재자원화율이 65%에서 99.3%로 상승했다. 모두 세계에서 가장 높다.

콘크리트 폐자재는 파쇄된 정도, 혼합물이 제거된 정도, 입자의 크기 등에 따라 선별되어 콘크리트 모래, 도로와 노반용 등으로 재활용된다. 콘크리트 폐자재가 재활용된 역사는 오래되었다. 1975년 수도고속 만안선(首都高速湾岸線) 가사이바시(葛西橋) 관련 공사에서 처음으로 재생 쇄석이 채용되었다. 최근에는 해체하면서 발생한 폐콘크리트 덩어리를 현장에서 바로 골재로 재생해서 콘크리트로 사용하는 일도 많다.

아스팔트 폐자재도, 콘크리트 폐자재의 재자원화와 비슷한 시기에 재생 가열해서 녹이고 아스팔트에 섞어서 포장재로 재사용할 수 있게 되었다. 현재 아스팔트 포장의 70% 이상이 아스팔트와 콘크리트 폐자재를 재활용한 것이다.

차량 통행량에 따라 다르지만 도로는 보통 10년 정도 지나면 재

포장해야 한다. 그때마다 아스팔트 폐자재가 나온다. 재활용은 더욱더 활발히 진행되어, 아스팔트 콘크리트 덩어리의 재활용은 이미 재재활용의 시대에 접어들었다.

이런 재자원화로 건설 폐기물 발생을 억제하고 쇄석 자원을 보호할 수 있는 것만이 아니다. 많은 원재료를 건설 현장인 도시에서 얻을 수 있기 때문에, 수송 거리가 단축되어 이산화탄소를 줄이는 데도 도움이 된다.

유리 해변

유리의 원료는 모래이고 성질도 모래와 같다. 분쇄하면 콘크리트에 섞는 완벽한 골재가 되지만, 천연 모래에 비해 비싸다.

나가사키현 오무라시 모리조노 공원(森園公園) 부근의 모래사장이 SNS에서 화제가 되었다. 오무라만의 수질 개선 목적으로 잘게 부순 유리를 깐 인조 모래사장 때문이다. 나가사키현이 2016년에 약 1헥타르의 모래사장 전체에 약 3,000세제곱미터의 인조 모래를 뿌렸다.

멀리서 보면 평범한 모래지만 손에 들고 보면 투명, 파랑, 초록, 갈색 등 다양한 색의 작은 유리 알갱이들이 반짝반짝 빛난다. 1밀리리터 전후 크기인 모래알은 모서리가 없어서 다칠 일도 없다. 수질이 개선되면서 바지락 생산량도 늘었다.

미국 플로리다주의 관광지로 알려진 포트로더데일이나 프로워드에서도 해변이 급속히 줄어들자 바다 밑에서 모래를 빨아들여 모래사장으로 옮겨왔다. 그래도 모래가 부족해지자 당국은 유리로 만든 모래로 보충했다. 쓰레기 수거로 모은 병이나 유리 제품이 원료다.

뉴질랜드 후드호 해변과 카리브해의 네덜란드령 퀴라소섬에도 유리 모래로 가꾼 모래사장이 있다. 퀴라소섬에서는 인공 모래에 바다거북이 산란을 했다고 한다. 모두 신기해서 많은 관광객들이 찾아온다.

쓰레기로 버려진 병의 재활용이 진행되고 있다. 맥주병이나 우유병처럼 재사용할 수 있는 병은 씻어서 다시 사용한다. 그 외의 병은 회수한 후 색깔별로 나누어서 파쇄하고 다시 유리 제품의 원료, 주택의 단열재, 타일, 벽돌, 노상, 노반 등으로 재활용한다. 유리 제품을 만들려면 에너지가 많이 필요한데 재활용을 통해서 절약할 수 있다. 일본의 유리 재활용률은 2012년 이후 70% 내외의 추이를 보이고 있다.

새로운 골재 소재

향후에는 급속히 골재가 부족해질 것으로 보인다(그림 6-1). 따라서 대체 골재 개발이 각국에서 진행되고 있다. 폐기물 소각장이

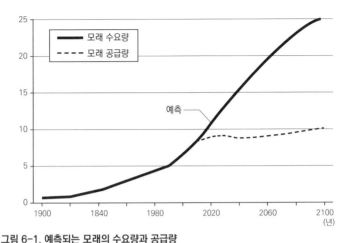

그림 6-1. 예측되는 모래의 수요량과 공급량

출처: "Time is running our sand", *Nature*, 571, pp. 29-31, 2019.

나 석탄 화력 발전소에서는 부산물인 재, 이른바 플라이애시가 대량으로 발생한다. 특히 석탄재는 시멘트와 궁합이 잘 맞아서 내구성, 시공성, 유동성이 높은 골재를 만들 수 있고, 건축 용재, 골재, 도로재, 지반 개량재 등 토목 및 건축 재료 등으로 오래전부터 이용되어 왔다.

새로운 소재도 등장했다. 폐플라스틱은 해안에 밀려와서 쓰레기 공해가 되고, 잘게 부서진 미세 플라스틱은 해양 생물에 악영향을 미친다며 국제적으로 문제가 되고 있다. 일본에서도 비닐 봉투 유료화를 단행한 것은 이 때문이다.

경제 협력 개발 기구(OECD, Organization for Economic

Cooperation and Development)는 2018년 보고서에서 "세계의 플라스틱 쓰레기는 연간 3억 200만 톤 발생하고 환경 피해 총액은 연간 약 130억 달러에 달한다"고 발표했다. 그러나 폐플라스틱 재활용률은 세계 전체에서 9%(2017년 기준)에 머물고 있다. 일본의 폐플라스틱 재활용률은 84%나 된다. 그중 60%까지가 열원으로 사용되고 있기 때문에, 물질로서의 재활용률은 23%밖에 되지 않는다.

재생 플라스틱은 각국에서 도로 포장 시 필요한 모래의 대체품으로 실용화되기 시작했다. 플라스틱 부스러기, 이른바 작은 입자의 플라스틱 모래는 콘크리트 속 천연 모래의 10%를 대체할 수 있어서, 연간 최소 8억 톤을 절약할 수 있다는 계산도 있다. 테스트 단계이기는 하지만 플라스틱 도로는 기존 아스팔트 도로보다 내구성이 3배 높고 4배 가벼워 도로 정비 시간이 70% 단축된다.

네덜란드에서는 폐플라스틱으로 상자 모양의 모듈을 만들고 이것을 연결해서 지하에 매설한 다음, 그 빈 공간에 전선이나 상하수도 파이프를 통과시키는 도로를 실용화했다. 물난리가 났을 때는 배수로로도 이용할 수도 있다. 경량이기 때문에 도로에 가해지는 부하도 적다. 파손되어도 부품을 교체해서 수리할 수 있고, 부품이 필요하지 않을 때는 재사용할 수 있다.

영국 회사들은 아스팔트에 폐플라스틱을 섞은 도로 포장재를 만들어 활주로나 경마장의 아스팔트에 사용하고 있다. 이 기술은 캐나다, 호주 등 각국으로 확산되었다. 운하로 유명한 네덜란드

즈볼레에서는 2018년 9월 사상 최초로 100% 재활용 플라스틱으로 만든 자전거 전용 도로를 완성했다.

코코넛 껍질 등으로 골재를 대체하는 일도 늘었다. 인도에서는 도로를 건설하는 데 모래 골재의 대체재로 도시의 불에 타지 않는 쓰레기가 이미 사용되고 있다. 대나무, 나무, 짚 등도 대체 건축재로 사용할 수 있다.

지구를 수박으로 본다면

모래만이 아니라 주변 자원의 현재 상황이 급속히 나빠지고 있다. 『모래가 만든 세계*The World in a Grain*』의 저자 빈스 베이저는 "어떻게 하면 모래 사용량을 줄일 수 있을까가 아니라, 어떻게 하면 모든 자원을 줄일 수 있을까"라고 질문을 던졌다. 그는 "우리는 목재, 물, 수산물 등 모든 천연자원을 너무 많이 사용했다. 모래도 그 목록 중 하나일 뿐이다. 앞으로 이 행성에 사는 사람들이 살아가기 위해서도 자원이 필요하다"라고 했다.

우리는 방대한 사물과 정보의 홍수에 휩쓸려 숨을 헐떡이며 달리는, 『이상한 나라의 앨리스*Alice in Wonderland*』 같은 세계에 살고 있다. 이상한 나라에 군림하는 여왕은 항상 질주한다. 그녀는 "알겠니. 여기서는 같은 장소에 머물러 있기 위해서라도 계속 달려야 해"라고 앨리스에게 충고한다.

주위 풍경도 같은 속도로 움직이고 있기 때문에 같은 장소에 머물기 위해서는 전력을 다해서 달려가야 하는 것이다. 이것이 '붉은 여왕 효과'인데, 정보 산업 등 최첨단에서 일하는 사람들에게는 익히 알려진 이야기이다.

전력으로 달리기 0...., 에너지, 목재, 지하 자원을 탐욕스럽게 소비하고, 생물 다양성을 감소시키고, 대기 중 이산화탄소를 증가시켜 왔다. 급기야 무한하다고 믿었던 모래와 물, 물고기 자원의 고갈이 현실화되었다. 그리고 환경 파괴와 오염, 대량 폐기물에 시달리고 있다. 유발 하라리는 『사피엔스Sapiens』에서 "인류의 활동은 자연 법칙을 초월했다"라고 지적했다.

최근 나는 이렇게 생각할 때가 있다. 지구를 수박에 비유한다면, 달콤한 과육을 다 먹어치우고 이제는 껍질의 하얀 부분을 갉아먹기 시작한 것이 아닐까. 심해어, 화석수, 셰일 오일과 가스, 집성재, 희귀 금속 및 귀금속, 폐제품으로부터의 회수. 예전에는 거들떠보지도 않았던 자원들이다.

우리는 물건을 너무 많이 사용하고 있는 것이 아닐까. 집안에는 사기는 했지만 다시는 보지 않는 물건, 처분하기 어려운 선물, 왠지 버릴 수 없는 물건들이 넘쳐난다.

일본의 평균적인 가정에는 물건이 몇 개 정도 있을까. 참고로 집안에 몇 개의 물건이 있는지 다 세어봤다는 블로그(wakame335.exblogjp)를 열어보았더니, 4인 가구에 3,757점의 물건이 있었다. 다른 블로그를 봐도 일가족 4명이 3,000점에서 4,000점 정도의 물건을 소유하고 있다. '정리 컨설턴트' 곤도 마리에가 세계적인 스타가 된 것도 수긍이 간다.

나는 브라질 아마존의 원주민 카이오와족 마을에서 살아본 적이 있다. 파라과이 국경과 가까운 원시림 한가운데. 강가의 초가집에서 부모와 세 살부터 열세 살까지인 자식 세 명이 사는 집에서 하숙을 했다. 집안의 모든 물건을 세어보니 19점밖에 없었다. 내 배낭 안에는 그 두 배나 되는 물건이 들어 있었다.

수제 해먹, 나무꾼용 칼, 활과 화살, 새 깃털로 만든 왕관. 일가족 다섯 명이 열대림 속에서 스스로 모은 것만으로 힘을 합쳐서 살아가는 모습은 감동적이었다. 여자아이는 여동생을 돌보고 빨래, 먹거리 모으기와 요리 등으로 어머니를 돕고, 큰아들은 아버지를 따라 사냥을 나간다.

어느 날 사냥에 나선 아버지와 아들이 사냥감 아구티를 메고 돌아왔다. 50센티미터 이상 되는 큰 쥐다. 진수성찬이었다. 가족은 모닥불을 둘러싸고 행복한 시간을 보냈다. 인류는 발상 이래 오랫동안 이런 생활을 해왔을 것이다.

원주민과 현대인의 삶을 비교하는 것은 넌센스이지만, 원주민의 소유물보다 200배나 많은 물건을 두고 사는 우리는 과연 행복한가.

지구 생태용량 초과의 날

지구가 재생할 수 있는 것보다 더 많은 자원을 인간이 소비하고 있음이 분명하다. 유엔과 경제협력개발기구는 2050년까지 세계의 일차적인 원자재 수요가 2배가 될 것이라고 예측했다.

캘리포니아에 거점을 둔 환경 NGO 글로벌 생태 발자국 네트워크(GFN, Global Footprint Network)는 '지구 생태용량 초과의 날(Earth Overshoot Day)'을 매년 발표하고 있다. '오버슈트 데이'는 원래 유가 증권 가격의 지나친 변동에서 비롯된 업계 용어인데, 코로나19 유행으로 폭발적 환자 급증을 뜻하는 말로 전용되면서 완전히 유명해졌다.

GFN은 1년 동안 지구가 자원을 재생할 수 있는 능력을 미리 계산한다. 여기서 자원은 삼림, 수산물, 수자원 등이다. 인류가 소비한 자원이 1년 재생 가능 수치를 넘긴 날이 '지구 생태용량 초과의 날'이라는 것이다. 이른바 우리가 1년 동안 쓸 수 있는 자원을 아끼지 않고 미리 소비했다면, 이 날을 기점으로 미래 세대의 몫을 당겨서 자연 자원을 소비하고 있음을 의미한다. 인간들의 활동이 얼마나 성급하게 확대되고 있으며 지구에 미치는 영향은 얼마나 커지고 있는가. 이것을 인식하기 위해서 만든 개념이다.

세계에서는 1990년에는 10월 11일이 지구 생태용량 초과의 날이었다. 그런데 2020년에는 8월 22일로 빨라졌다. 일본만 따지면 5월 12일이다. 즉, 이 날 이후 2020년의 남은 날들은 인류가 지구의 미래 자연에 빚을 진 '적자' 생활을 하는 셈이다.

우리들이 소비생활을 누리는 만큼, 그 빚은 미래의 자식이나 손자가 짊어져야 한다. 어쩌면 이미 조상들이 남긴 빚을 더 늘리면서 살고 있는지도 모른다.

작가는 모래알을 모아서
모래사장을 만든다

모래는 나에게 여름의 추억 그 자체다. 뜨거운 모래사장, 새파란 하늘, 뭉게구름, 소나기, 주먹밥 등등. 추억은 세 살부터 다섯 살 때까지 피난살이를 했던 이바라키현 북부의 모래사장에서 시작된다. 당시는 태평양 전쟁 말기에 가까워, 미군기의 공습을 피해 지방으로 피난을 갔었다.

어른들은 공습으로부터 자신을 보호하기 위해 방공호를 파거나 마당에 고구마밭을 일구거나 이웃과 물물교환을 하느라 바빠서 아이들을 돌볼 겨를이 없었다. 동네 아이들과 함께 하루 종일 모래사장에서 노는 것이 나의 일과였다. 지금 생각해 보니, 아이들끼리 바다에 놀러 나가는 것을 잘도 허락해 주곤 했다.

가까이에 히타치 군수 공장이 있어서, 이것을 공격하기 위해 고공을 나는 B-29 폭격기나 그라만 전투기의 그림자를 자주 보았다. 모래사장에서 어머니를 본 적이 있다. 작업복 바지를 입고 죽창을 멘 여성들이 20여 명 모래사장에 줄지어 서서 구호와 야유를 하는 훈련을 받았다. 그 가운데 어머니도 있었다. 군복 차림의 나이든 전직 군인이 대나무 칼로 여자들을 쿡쿡 찌르면서 돌아다녔다. 어머니가 불쌍해서 견딜 수가 없었다.

모래사장에서 주운 조개껍질, 불가사리, 여러 색깔의 조약돌, 나무열매 등의 보물들을 커다란 양철 상자에 담아두었다. 그런데 정부의 금속 회수령으로 집안의 금속 제품은 냄비부터 옷장 손잡이까지 모두 군수용으로 공출되었다. 소중한 보물 상자도 나무로 바뀌었다.

그리고 수십 년이 지나 그 해안을 다시 찾았다. 기억 속의 끝없이 이어지는 모래사장은 모습을 감추었다. 파도가 치는 곳까지 둑이 설치되었고, 배후의 소나무 숲은 주택지로 바뀌었다. 역시 추억은 기억 속에서만 간직했어야 했다고 방문한 것을 후회했다.

인생은 신문기자부터 시작해서 국내외 대학교의 연구자, 유엔 및 국제기구의 직원, 외교관으로 뛰어다니는 80년이었다. 130여 개국에서 조사·연구, 강연·강의 등을 해왔지만 모래에 관한 것은 사막화 문제뿐이었으므로 모래 자원 고갈로 인한 분쟁은 알지 못했다.

나중에 생각하니 양쯔강을 배로 내려올 때 모래를 가득 실은 거룻배가 연이어 강을 내려가는 것을 본 적이 있다. 메콩강 강변에 수북이 쌓인 모래더미도 보았다. 나이지리아에서는 어린이들이 석호에 잠수해서 양동이에 모래를 담고 있었고, 케냐에서는 모래를 둘러싸고 살인 사건이 발생했다는 뉴스를 보았다.

프랑스의 다큐멘터리 영화 〈모래 전쟁〉(2013년 제작)을 NHK 방송에서 보았을 때, 모래를 서로 빼앗는 세계의 현실이 드러났다. 건설 러시의 배후에서 모래 이권을 챙기는 마피아가 암약하면서 대규모 개발 프로젝트에 광분하는 국가 의 사례가 소개되었다.

아름다운 해변이 자취를 감추고, 생물이 쫓겨나고, 강변의 침식으로 취락이 쓸려 내려가고, 섬이 수몰되고, 어장을 빼앗겨 어촌이 가난해지는 이야기는 모두 모래 채굴에서 비롯된 것이다. 이들은 모두 모래 쟁탈전의 피해자다. 세계적으로 80만 개 이상의 댐이 만들어지면서 하류에 공급해야 할 모래를 막고 있다. 무궁무진해 보였던 모래가 고갈되기 시작했다.

이후 모래를 보는 눈이 완전히 달라졌다. 개발진은 쓰나미와 높은 파도와 홍수의 무서움을 목청껏 경고하면서, 해안을 테트라포드, 방파제, 돌제 등 인공 구조물로 완전히 망가뜨렸다. '백사청송'이라던 일본의 모래사장이 이토록 추악해진 것을 얼마나 알고 있을까.

일본은 경제적으로는 풍요로워졌다. 그러나 자연은 가난해졌다. 이는 정치인과 정부, 개발업자에게 자연을 맡긴 우리 세대의 책임이기도 하다. 지금 어린이들이 알고 있는 모래사장은 어딘가에서 가져온 모래가 깔린 인공 해안뿐이다.

미래 20년도 되지 않아 일본 인구 세 명 중 한 명 이상은 고령자가 될 것이며, 경제적으로도 어려운 나라가 될 수밖에 없을 것이다. 노후에 산책하고 싶은 아름다운 경치는 점점 사라져 간다. 일본인도 이제 눈을 떠야 한다. 어떤 자연을 우리 자손들에게 남기고 싶은가.

영국 작가 로버트 블랙이 "작가는 모래알을 모아서 모래사장을 만든다"는 명언을 남겼다. 이 책을 다 쓰면서 모래를 긁어모아 겨우 작은 모래사장을 하나 만든 기분이다.

제5장「백사청송은 어떻게 만들어졌을까」는 2018년 닛폰닷컴(nippon.com)에 연재했던「되살아나는 일본의 환경」을 바탕으로 글을 더한 것이다. 이 장 외에는 이번에 새로 썼다.

책을 집필하는 데 많은 분들에게 신세 졌다. 특히 인도네시아 현지 취재에 동행하고 다양한 가르침을 준 아베 류이치로, 번거로운 통계 처리를 도맡아 준 후카자와 도모히로, 매회 출판 때마다 자료 수집 내용을 체크해 준 와키야마 마모토에게 감사한다. 특히 기획부터 출판까지 모든 것을 돌봐준 출판사 가도카와의 호리 유키코 씨 지원이 없었다면 이 책은 빛을 보지 못했을 것임을 덧붙이고 싶다.

2020년 11월
이시 히로유키

참고문헌

제1장 모래 공유지의 비극

石弘之(2016)『最新研究で読む地球環境と人類史』洋泉社

堀和明, 斉藤文紀「大河川デルタの地形と堆積物」地学雑誌 112(2003)

Hardin, Garrett. "The Tragedy of the Commons" *Science* Vol. 162 No. 3859 13 Dec. 1968

Lamb, Vanessa et.al. "Trading Sand, Undermining Lives: Omitted Livelihoods in the Global Trade in Sand" *Annals of the American Association of Geographers* Vol. 109(2019)

Smil, Vaclav. *Making the Modern World: Materials and Dematerialization* Wiley 2013

Torres, Aurora et.al. "A looming tragedy of the sand commons" *Science* Vol. 357 No. 6355 08 Sep. 2017

UN Department of Economic and Social Affairs Population Division(2018), "World Urbanization Prospects: the 2018 Revision"

U.S. Geological Survey. "Mineral Commodity Summaries 2019"

West Africa Network for Peacebuilding(WANEP) "Conflict and Development Analysis-the Gambia" 15 Jun. 2018

Whiting, Kate. "This is the environmental catastrophe you've probably never heard of" The World Economic Forum, Global Risks Report 2020 24 Apr. 2019

제2장 자원 쟁탈의 현장에서

川島博之(2017)『戸籍アパルトヘイト国家 中国の崩壊』講談社

河尻京子「温暖化で沈む国 ツバルの現実」論座2019年12月

小林泉「水没国家ツバルの真実」国際開発ジャーナル誌2008年8月号国際開発ジャーナル社

Allen, Leslie. "Will Tuvalu Disappear Beneath the Sea? Global warming threatens to swamp a small island nation" *Smithsonian Magazine* August 2004

Barkham, Patrick. "Trade of coastal sand is damaging wildlife of poorer nations, study finds" The Guardian 31 Aug. 2018

Bendixen, Mette et al. "Time is running out for sand" *Nature* 571(2019)

Down to Earth. "Illegal sand mining around the world: islands disappear, livelihoods at stake" 28 Jun. 2016

Gokkon, Basten. "Jakarta cancels permits for controversial bay reclamation project" Mongabay 2 Oct. 2018

"Global aggregates production: 1998-2017" *Quarry Magazine* 5 Feb 2018

"Indonesia's Islands Are Buried Treasure for Gravel Pirates" The New York Times 27 March 2010

De Leeuw, Jan. et. Al. "Strategic assessment of the magnitude and impacts of sand mining in Poyang Lake, China" Regional Environ mental Change 2010

Kench, Paul S. et.al. "Pacific's Tuvalu expanding, likely to still be habitable in 100 years, despite rising sea levels" *Nature Commnications* 10 Feb, 2018

Lamb, Vanessa et.al. "Trading Sand, Undermining Lives: Omitted Livelihoods in the Global Trade in Sand" *Annals of the American Association of Geographers* Volume 109(2019)

Jang Seulgi "North Korea earning foreign currency by selling river sand" Daily NK 18 Jul. 2019

Pilkey Orrin H., J. Andrew G. Cooper *The Last Beach* Duke University Press. 2014

Pereira, Kiran, Ratnayake, Ranjith. *Curbing Illegal Sand Mining in Sri Lanka* WIN 2013

Ridwanuddin, Parid. "Reklamasi Teluk Jakarta dan Absurditas Kriminalisasi Nelayan Pulau Pari" Republika 14 Mar. 2017

Beiser, Vince "Sand mining: the global environmental crisis you've probably never heard of" The Guardian 27 Feb. 2017

Valentino, Stefano. "World's beaches disappearing due to climate crisis" The Guardian 02 Mar. 2020

Vousdoukas, Michalis L.et.al. "Sandy coastlines under threat of erosion" *Nature Climate Change*. vol.10 02 March 2020

제3장 모래는 어디에서 왔을까

石弘之(2016)『最新研究で読む地球環境と人類史』洋泉社

小林一輔(1999)『コンクリートが危ない』岩波新書

須藤定久(2014)『世界の砂図鑑 写真でわかる特徴と分類』誠文堂新光社

『セメントハンドブック2019年度版』一般社団法人セメント協会

張平星「京都の寺院庭園における白砂景観の保全に関する研究」京都大学大学院
　　農学研究科学位論文 2018年

根本祐二(2011)『朽ちるインフラ─忍び寄るもうひとつの危機』日本経済新聞
　　出版社

ハナ・ホームズ(梶山あゆみ, 岩坂孝沢)『小さな奥の大きな不思議』(2004) 紀伊
　　國屋書店

廣瀬肇「瀬戸内海の海砂利採掘規制の実情と今後の方向」OPRI 海洋政策研究所
　　Ocean Newsletter 第70号 (2003.07.05発行)

深谷泰文, 露木光(2003)『セメント コンクリート材料科学』技術書院

マイケル・ウェランド(林裕美子) (2011)「砂─文明と自然」築地書館

マーク・ミーオドヴニク(松井信彦訳) (2015)「人類を変えた
素晴らしき10の材料─その内なる宇宙をする」インターシフト

レイモンドシーバー(立石雅昭訳)(1995)『砂の科学』東京化學同人

Archimedes. (2008) *The Sand Reckoner of Archimedes* Forgotten Books

Beiser, Vince. (2018) *The World in a Grain: The Story of Sand and How It
Transformed Civilization* Riverhead Books

De Villiers, Marq & Hirtle, Sheila. (2004) *Sahara: A Natural History* McClelland
& Stewart

Owen, David. "The World Is Running Out of Sand" New Yorker May 22,
2017

McKie, Robin. "Shale Gas fracking wasted 'millions of taxpayers' cash, say
scientists" The Guardian 3 Nov. 2019

UN Environment Programme. (2019) "Sand and Sustainability. Finding new
solutions for environmental governance of global sand resources"

U.S. Geological Survey. "Mineral Commodity Summaries 2019"

제4장 은밀하게 활동하는 모래 마피아

河尻京子「温暖化で沈む国─ツバルの現実」論座 2019年12月

National Geographic News「メコン川に大異変, 世紀の低水位を記録, 深刻な

食料危機の恐れも 水が澄む「ハングリーウォーター」現象も発生, 6000万人
が頼る大河が岐路に」2020年2月29日

堀和明, 斎藤文紀「大河川デルタの地形と堆積物」地学雑誌112(2003)

Allen, Leslie. "Will Tuvalu Disappear Beneath the Sea? Global warming
threatens to swamp a small island nation" *Smithsonian Magazine* August
2004

Amnesty International Indonesia. "Indonesia: Arson attack against
environmental activist must be thoroughly Investigated" 04 Mar. 2019

Chandra, Wahyu & Hardiansya, Rahmat. "Locals mount fierce resistance
against sand mining, land reclamation in Massakar" Eco-business 11
Jul. 2017

Gabbatiss, Josh. "Sand mafias and vanishing islands: How the world is
dealing with the global sand shortage" Independent 6 Dec. 2017

"Inside the deadly world of India's sand mining mafia" The National
Geographic Society's website 26 Jun. 2019

Human Rights Watch. "Gambia: Fully Probe Anti-Mining Protesters' Deaths"
20 Jun. 2018

Jena, Manipadma. "As sand mining grows, Asia's deltas are sinking, water
experts warn" Thomson Reuters Foundation Prevention Web 21 Sep.
2018

Kench, Paul S. et.al. "Pacific's Tuvalu expanding, likely to still be habitable in
100 years, despite rising sea levels" 10 Feb.2018 *Nature Communications*

Kibet, Robert. "Sand mining: the deadly occupation attracting Kenya's
youngsters" The Guardian 7 Aug. 2014

Koehnken, Lois. "Impacts of sand mining on ecosystem structure, process
& biodiversity in rivers" WWF Review Jul. 2018.

Kukreti, Ishan. "How will India address illegal sand mining without any
data?" Down To Earth 16 Oct. 2017

Lovgren, Stefan. "Southeast Asia May Be Building Too Many Dams Too
Fast" *National Geographic Magazine* 23 Aug. 2018

Meynen, Nick. *Frontlines: Stories of Global Environmental Justice* Zero Books 2019

Rakhman, Fathul. &Nugraha. "Arson attack in Indonesia leaves activist
shaken" Mongabay 1 Feb. 2019 Reddem, Appaji. "Shifting sands in
Andhra Pradesh: On Ja mohan Rebby government's attempt to regulate

sand mining" The Hindu 30 Nov. 2019

Reddem, Appaji. "Shifting sands in Andhra Pradesh: On Jagen-Mohan Rebby government's attempt to regulate sand mining" The Hindu 30 Nov. 2019.

Satrusayang, Cod. "The worst drought in living memory has been exacerbated by Chinese dams withholding water" *Thai Enquirer* 14 Apr. 2020

"Shifting Sand: How Singapore's demand for Cambodian sand threatens ecosystems and undermines good governance-" Global Witness 10 May. 2010

South Asia Network on Dams, Rivers and People(SANDRP), "Illegal Sand Mining Violence 2018: at least 28 People died across India" 28 Feb.2019

"SAND MAFIAS IN INDIA Disorganized crime in a growing economy" The Global Initiative Against Transnational Organized Crime. Jul. 2019

Easow, Samuel. "The Imbalance of Sand and Supply: The Sand Crisis is Gripping the Globe" *The Masterbuilder* 12 Jun. 2018

Ungku, Fathin and Latiff, Rozanna. "In blow to Singapore's expansion, Malaysia bans sea sand exports" Reuters Business News 3 July, 2019

제5장 '백사청송'은 어떻게 만들어졌을까

有岡利幸(1993)『松と日本人』人文書院

アレックス・カー(2017)『犬と鬼―知られざる日本の肖像』講談社学術文庫

石川塚本他(1993)『新編塚木歌集』岩波文庫

石弘之(2019)『環境再興史―よみがえる日本の自然』(角川新書)

宇多高明(2004)『海岸侵食の実態と解決策』山海堂

太田猛彦(2012)『森林龍和―国土の変貌を考える』NHKブックス

小田隆則(2003)『海岸林をつくった人々―白砂青松の誕生』北斗出版

国土交通省(2017年)「国土交通省所管ダムの堆砂状況について」

貞方昇(2017)『中国地方における鉄穴流しによる地形環境変貌』溪水社

シップ・アンド・オーシャン財団編(2005)「消えた砂浜―九十九里浜五十年の変遷」

司馬遼太郎(1990)『街道をゆく29 秋田県散歩・飛騨紀行』朝日文庫

新野直吉(1982)『秋田の歴史』秋田魁新報社

須田有輔, 早川康博(2017)『砂浜海岸の自然と保全』生物研究社

武井弘一(2015)『江戸日本の転換点一水田の激増は何をもたらしたか』NHKブックス

立石友男「海岸砂丘の変貌」水利科学 33巻4号(1989-1990)

東北森林管理局米代西部森林管理署(2001)「風に学んで一能代海岸防災林の造成の記録』

徳冨健次郎(1950)『新春』岩波文庫

中島勇喜, 岡田穣(2011)「海岸林との共生一海岸林に親しみ, 海岸林に学び, 海岸林を守ろう!」山形大学出版会

中谷宇吉郎(2000)『中谷宇吉郎集 第2巻』岩波書店

農業土木歴史研究会編著(1988)『大地への刻印一この島国は如何にして我々の生存基盤となったか』公共事業通信社

速水融(2012)『歴史人口学の世界』岩波現代文庫

宮沢賢治(1996)『銀河鉄道の夜』角川書店

吉田惇, 有働恵子, 真野明「日本の5海岸における過去の長期汀線変化特性と気候変動による将来予測」土木学会 論文集B2(海岸工学) Vol. 68 NO. 2. (2012)

「汀線変化特性と気候変動による将来の汀線変化予測」土木学会 論文集B2(海岸工学) Vol.68 NO.2. (2012)

제6장 이후의 모래 문제

一般社団法人産業環境管理協会(2019)『リサイクルデータブック2019』

ユヴァル・ノア・ハラリ(柴田裕之訳) (2016)『サピエンス全史(上)文明の構造と人類の幸福』河出書房新社

Bendixen, Mette et al. "The world needs a global agenda for sand" *Nature* 571(7763) 02 Jul. 2019

Bricker, Darrell & Ibbitson, John. (2019) "Empty Planet: The Shock of Global Population Decline"(邦訳・倉田幸信訳『2050年世界人口減少』文藝春秋)

"FOOTPRINT Network" Endavo Media and Communications Inc. 2019

United Nations Environment Programme(UNEP) " The search for sustainable sand extraction is beginning" 03 Jan. 2019

모래 전쟁

1판 1쇄 발행 2023년 4월 19일

지은이 이시 히로유키
옮긴이 고선윤
펴낸이 최용범

편집 이자연
디자인 이춘희, 김규림
마케팅 채성모
관리 이영희
인쇄 (주)다온피앤피

펴낸곳 페이퍼로드
출판등록 제10-2427호(2002년 8월 7일)
주소 서울시 동작구 보라매로5가길7 1322호

이메일 book@paperroad.net
페이스북 www.facebook.com/paperroadbook
전화 (02)326-0328
팩스 (02)335-0334

ISBN 979-11-92376-22-6 03330